できる先生が
実はやっている

働き方を変える77の習慣

Morikawa Masaki
森川 正樹

明治図書

本書は、二〇一二年に刊行された『先生ほど素敵な仕事はない?!―森川の教師ライフ＝ウラ・オモテ大公開―』（明治図書）を大幅に加筆・修正したものです。

プロローグ

早いもので『77の習慣』シリーズも、四作目となりました。

今回は「幸せに働く」ということをテーマにまとめてみました。

とはいっても、そこは教師という仕事。幸せに働くとは「学級経営」「授業づくり」「自分磨き」すべてに関係しますので、内容は多岐にわたりました。

せっかくなりたくてなった教師という仕事。

楽しまなければ損です。

では、どうすれば楽しくなるのか……。

やることが明確になれば楽しくなります。


どうすれば教師力が上がるのか。

どうすれば研究授業を有効活用できるのか。

どうすればモヤモヤと悩む時間をなくせるのか。

どうすれば明るいクラスがつくれるのか。

「どうすれば」に「こうすれば」と私なりの答えを述べているのが本書です。

人生に寄り道はつきものだ、といいます。

もちろんその通りだと思います。

しかし、しなくてもよい寄り道は、する必要がありません。

寄り道とわかっているなら寄らなくてよいのです。

教師生活を幸せに歩いて行くために、しなくてもよい寄り道を避けるようにするのが本書の役割です。

自分の生き方を司っているのは「習慣」です。

あなたの教師としての「習慣」は何ですか?

その中に、幸せに働くための、「働き方を変える習慣」を追加してください。

今日から、
毎日、
一つずつ……。

本書には、二〇一二年に『先生ほど素敵な仕事はない?!』（明治図書）として出版されたものを、再構成した部分が含まれています。

しかしその部分も、現在の私が読んで書き直したり、書き足したりしてまとめていますので、全体としてまったく新しい本に仕上がっています。

「習慣」にするためには、意識して意識して無意識になるまで意識し続けることです。

四度目の今回も、どうぞご一緒に……。

CONTENTS

Chapter 2

習慣にしたい指導力を高めるための視点

CONTENTS

Chapter 3

習慣にしたい 授業力を高めるための視点

Chapter 4

習慣にしたい幸せに働くための視点

CONTENTS

エピローグ

Chapter1

習慣にしたい 子どもとクラスを変える 話す・聞くための視点

Chapter2　習慣にしたい指導力を高めるための視点

Chapter3　習慣にしたい授業力を高めるための視点

Chapter4　習慣にしたい幸せに働くための視点

七時間

1

一日七時間。

何の数字でしょうか。

勤務校で六時間目まで授業するとして、毎日約七時間、一週間で三五時間（！）。

一年間では……と、私たち教師はかなりの時間を「話をする場」に身を置いています。

実は毎日が「話し方修業」の場なのです。ということは、「教師」＝「最高のスピーカー」のはず?!

しかし、その七時間も、「意識」していなければ、車窓から見える流れる景色のように過ぎていってしまいます。

子どもを惹きつける「話し手」になる、ということを常に意識して毎日を過ごすだけでも、一日の消費の仕方は違ってきます。

小学生にわからせることができたら誰でも理解できる、そのような立場に我々教師はいます。

極端なことを言えば、小学校の先生は世界一話すのが上手な存在でもいいはずです。毎日毎日、小学生相手に話しているのですから。

毎日小学生に話をする以上、話すことが上手くならなければなりません。練習しなければ。

わかりやすく、端的に、そして時にはユーモアを交えながら子どもを引っ張っていけるような話術が必要です。

話す技術を意識的に高めていきましょう。

それにはまず、一日の多くは「話す」シーンでできている、自分の話術も鍛えられるんだ、と意識することからです。

2 面白い話で一日を始める

気分が重い朝、ありますよね。

そんなときは、教師自身も笑わなければなりません。

笑っているうちに、少し気分は回復してきます。

一見どうでもいいような話から、一日を始めるのです。

私ならば、飼い犬ラッキーの話。ラッキーはＩＱはありませんが、ＩＫ（愛嬌）はある犬です（どーん）。

そのラッキーの話をすると、子どもたちは笑います。「可愛い！」と言います。そうしているうちに、こちら（教師）の気分も少し回復していくのです。

そもそも気分が重いのでなかなかそういう話をしにくい、ということもあるでしょう。しかし、だからこそ、いきなり「伝達事項」などを話し始めないのです。ましてや注意や叱責などで始めようものなら、こちらへのダメージが大きすぎます（笑）。

これは子どもにとってもよくありません。

一日のスタートは重要です。

子どもたちが幸せに一日をスタートできるために、教師自身のメンタルを軽くする工夫を。

してもしなくても同じ話ならしない 3

私たち教師は、毎日子どもたちに様々な話をします。

しかし、話をしすぎて時間がなくなってしまうこともあります。

子どもたちにとって有意義な話をしたい。

そのために基準となるのは、

「この話、今すぐするべきか否か」

です。

単純なようですが、大切な基準です。

してもしなくてもいいな、と思うほどの話なら、しないほうがましなのです。

部屋に余計なものがないとすっきりするように、話にも余計なものがないほうがいいのです。

私は結構余計なことを話してしまいます。

例えば、「四時間目にカルタをするよ～」と子どもたちに予告しておいて、実際にはできなくなった、というケース。

子どもたちを喜ばせたくて先に言ってしまうのです。

しかし、できるかどうかわからないのに安易に話して期待させたら可哀想です。

しなくてもいい話は、しない。

言わなくてもいいことは、言わない。

話もスッキリとした状態を心がけましょう。

4 「直前」こそ意識する

「表情」とは物言わぬ言語で、コミュニケーションの際にはよくも悪くも多大な影響力を持ちます。

子どもが先生に話をしに行きます。話そうとして先生の顔を見ると、すごい怖い形相をしていた――。

これでは、話そうと思っていたこともすんなりと出てきません。

話す前に「緊張」「硬直」といった心身の状態になるのです。

これは同僚同士、部下と上司でもまったく同じ。

何か報告をしに行って声をかけるかかけないかのその刹那。上司（管理職）が怖い形相をしていたら、それだけで話しにくくなります。そして、次から「話しかけないでおこう」となるのです。

声をかけられたとき、その瞬間の一瞬の表情を子どもは見逃しません（大人もですが）。

常に笑顔で応対しよう。

常に真摯に応対しよう。

と日頃から意識していなければ**「モードチェンジ」しているところは見られている**のです。

プロはモードチェンジしているところを人には見せません。

ずっとフラットです。

ずっとプロ意識の微電流が流れているのです。

「表情」は、これから始まる会話の前提をつくります。「話しに来て損した」と思わせてはいけないのです。

〈最中〉の表情は当たり前。

〈直前〉の表情をこそ、意識するのです。

5 「聴ける」先生になる

一度に一〇人の話を聞き分けたとされる聖徳太子の有名な伝説。

子どもの声を一度に一〇も聞き分ける。なかなか難しいことです。

例えば休み時間、子どもたちは四人いっぺんに話しかけてきます。そんなとき、何人かの対応をしていながらも、斜め後ろからぼそっと話しかけてきたおとなしい子の声も実は聞いていた、というスーパーティーチャーになりたいものです。

そのためには、日頃から「聞く構え」が心にできていなければなりません。

話は心で聞く、といいます。

私は小学生の頃から書道教室に通っていました。その教室では高校生まで習ったのですが、そのときの師匠が私に送ってくれた言葉があります。

それは「聴」という一文字。

額に入ったその一文字は、たった一文字なのに大きな衝撃がありました。

「周りに対して常に聴く耳を持ちなさい」

「〝きく〟とは鼓膜をふるわせるだけの行為ではない、相手に心を向けて聴くものである」

そのとき、先生は多くを語りませんでしたが、私はそのように受け取りました。

今でもその額は私の家の壁に掛けてあります。

教師になった私にとって、その言葉は今も大きな意味を持ち続けています。

一人ひとりに対して心で聴くこと、そのことを常に心がけていかなければならないと自分に言い聞かせています。

一〇人聞ける教師よりも、一人を聴ける教師になるほうがいいのかもしれませんね。

6 真摯に耳を傾ける

日々最も意識したい教師修業とは何でしょうか。

それは「真摯に子どもの話に耳を傾けること」だと私は思います。その繰り返しこそが、「子どもの声が聴こえる教師」への道を開いてくれます。

子どもの声が聴こえる教師。

それは、教師に向けての発言を聞き取れる、ということだけではありません。

子どもたちの会話が耳に入ってくる先生。

子どもたちのつぶやきが耳に入ってくる先生。

子どもたちの些細なひと言が耳に入ってくる先生。

子どもの仕草から〝内なる声〟が聞き取れる先生のことです。

では、どのようにすれば子どもたちの様々な声を聞き取れるようになるのか。

もちろん、日々意識し続けることが大切です。

しかし、それでは抽象的です。

私自身が実践し、実感している極めて具体的な方法があります。それは、**日々の子どもたちのつぶやきをメモにとること**です。

メモを書くことで、常に身体が子どもの声に対して〝開いている〟状態になります。言うなればアイドリング状態です。

メモを書くことで、子どもの声に敏感になります。そのうち勝手に子どもの声が耳に入ってくるようになります。

では、どのようなことをメモに書くのか。

自分が面白い、と思った子どもの発言やつぶやきです。

可愛いこと言うなあ、と思った子どものつぶやきです。

あくまでも自分基準でいいのです。「面白い」や「可愛い」なら続きます。

子どもの何気ないつぶやきを聞いたときに、**「これ、そのままにして風化したらもったいないなあ」と思うそのときが〝メモ時〟**なのです。

それから授業中の子どもの発言。

子どもの発言を書き取ることは、そのまま授業記録になります。

授業中に書けるときはさっとメモします。

後は、授業後や子どもたちが帰ってから思い出してメモするのです。

メモをすることが、「作業」から「習慣」に昇華したとき、随分子どもたちの声が入ってきているはずです。「習慣」になったかどうかは、メモを取らなかったときに、「そわそわするか」で判断することができます。

メモし続けることです。

毎日聞こえた瞬間にメモ。一〇回や二〇回メモするくらいではありません。何百回、何千回とメモするのです。その行為が「子どものつぶやきに敏感な教師のからだ」をつくります。

子どもの行為やつぶやき、発言に直に触れられるのは教師の特権!

たくさんの子の「宝石のようなできたての言葉」をすぐに手にできるのは、教師だけに許された特権なのです。

子どもが集中する話し方　7

「繰り返しません」と最初に言い、実際に繰り返さない

これはよく使っておられるのではないでしょうか。「一回だけ言います」とか「繰り返しませんよ」と前もって伝えてから話します。そして、実際に繰り返さない。私もそうなのですが、結局そうは言っていても何度も何度も繰り返すことがあります。高学年の子などはそういうところはよく見ています。いつもでなくてもいいですが、本当に繰り返さない。そこが大切です。

数字を入れながら話す

話に数字を入れると、説得力が増し、聞き手の意識も変わってきます。より意識を集中して聞けるようになります。例えば、「琵琶湖の水はたくさんの人が飲んでいます」と説明するのと、「約一四〇〇万人の人が利用しています。みんなが住んでいる尼崎市は約四

五万人だから、尼崎市の約三〇倍の人数の人が琵琶湖を利用していることになります」と言うのとでは大違いです。「甲子園球場〇個分」「東京ドーム〇個分」なども、自分に引き寄せて聞くことができますね。

小出しにしながら話す

ワイドショーの司会でよく使われる手です。ニュースを伏せておき少しずつめくって出していくように、小出しにすると一気に子どもたちの集中度は増します。

黒板に字を伏せて貼っておき、少しずつ出す。

黒板に少しずつ書く（言う）。

アナグラム的に書いて（話して）いく（一つの単語の文字を最初から書かずに、三文字目や最後の文字から書き始める）。

などなど、少しの工夫で適度な緊張感と集中で聞かせることができます。

「話し出し」を意識して話す

「『えーっ！』って思ったんだよ、先生。そのこと今から話すね」

「『やったー！』って思ったことを今から作文にしてもらいます」

「あちゃ～って失敗したこと、誰にでもあるよね。先生もそんなことが……」

という具合に、感嘆詞から始まると刺激的な話になります。

いつもいつも「では、始めます」「それではね、今からね……」というのではあまりにも能がありません。それに楽しくありません。教師も、子どもも。

もう一つの効果は、話の傾向を知り、子どもたちが安心できる、ということです。

「今から、ほめます」「ほめたいことを言いますね」

と言って話し出すのです。よいことがあったら、この手はよく使います。子どもたちは、「ああ、ほめられるんだ～」と思いながら安心して、安定して聞くことができます。

最後に話し出しを「いきなり本題」で入る場合。

「今の国語の時間でどうしても先生がほめたい驚きの人を四人紹介します。それが時岡君、佐藤さん、清水さん、前川君です」

こうして結論を言い、中身に入っていくのです。

ためる

惹きつける話し方としても、とても有効です。

例えば、子どもたちがよく間違える漢字があったとします。そのときに、

「曜日の『曜』という字がよく間違っているから気をつけましょう」

と言って黒板に書くよりも、

「先生が今まで教師をしてきて、二年生の子どもたちが毎回毎回間違える強敵の字があります。何だと思いますか」

と言って黒板に書いたほうが、子どもたちの注目度が違います。

少し〝ためる〟だけで子どもたちに適度な緊張感を与えたり、興味を引くことができます。これなどは授業でよく使いますよね。

私たちは人間です。ロボットと違って、その場の雰囲気や子どもの学習進度、やる気などに合わせて話し方を少しだけ変えてみましょう。

それができるのが担任の先生や担当の先生です。

8 自分の持ちネタ〝EP〟をストックする

持ちネタとは話のネタのことです。話のレパートリー、持ちネタをつくると面白いですよ。私は教室で子どもたちにEP（エピソード）をよく語ります。子どもたちがとても喜ぶからです。あるとき、遊び半分でその話をリストにしてみたら「子ども時代編」として24もありました。『森先《もりせん》の小話集24』の誕生です（笑）。大人編も10以上のテッパンエピソードをストックしています。

リストにして話していると、同じ話をするたびに話が上手くなっていきます。洗練されていくのです（笑）。ちょうど噺家のネタのようなものですね。

私の「子ども時代編24のリスト」をご紹介します。

①フナとるな~の話　②夏祭りの思い出　大ピンチ編　③「アカテガニ」ゲット大作戦！

④K君のリュックが!!M君の手が!! ⑤夏祭りパート2 ラッキー編 ⑥「ザリガニ」ゲット大作戦! ⑦恐怖?爆笑?学校肝試し! ⑧妖怪探検隊結成! ⑨妖怪探検隊 みどりの手
⑩誘拐? ⑪ガチャガチャでサイコー! ⑫自販機でサイコー! ⑬池の中へ—幼少の思い出
⑭感動!初カブトムシ!(カブトクワガタゲット大作戦) ⑮イノシシと遭遇!大ピンチ!
⑯風雲たけし城ごっこ ⑰ビックリマンチョコ大流行 ⑱消しゴム落とし、消しゴムプロレス
⑲キン消し(キン肉マン消しゴム)、ガン消し(ガンダム消しゴム) ⑳牛乳キャップメンコ
㉑映画館で雨漏り ㉒とっつぁん(担任の先生)の話 ㉓秘密基地 ㉔鼻紙の海?!

子ども時代の先生のエピソードは、子どもたちも興味津々です。身を乗り出して熱心に聞いてくれます。

次は「大人編」の一部……。

①鮎採り—テナガエビ ②知り合いの旅人 ③阪神タイガース試合中継! ④しまなみ街道徒歩で横断! ⑤北海道一人旅! ⑥沖縄離島巡り! ⑦一人忠臣蔵 ⑧森先の恐怖体験シリーズ! ⑨○○君、○○さん(クラスの子の話) ⑩八丈島大探検! ⑪飼い犬「ラッキー」

⑫東野物語紀行　⑬記念館巡り紀行

ここで、細かく読んでくださっているあなたに感謝します。⑦の『一人忠臣蔵』！　そこ突っ込んでほしかったんです（笑）。私は忠臣蔵が大好き。毎年一二月一四日前後は落ち着かない（笑）。私は何年生を担任しようが「一人忠臣蔵」をクラスの子どもたちに語ってしまいます。子どもたちは目を輝かせて聞いてくれます。

ＥＰの中でも、磨きに磨かれた特別なＥＰを持っておく。

現在、私は学年三クラスを教えに行く機会があるのですが、どのクラスでも「ＥＰを話します」というと歓声が起こります。ありがたい職業です（笑）。

ＥＰを話しているときは私自身も大いに楽しんでいます。苦痛になるようなら当然やる必要はありません。

子どもたちと一緒に〝アホな話〟で笑い合える時間、これもまた素敵な時間です。

9 ツッコミ力を持つ

次は、学級通信に載せた担任していた子たちとのやりとりです（児童名は仮名）。

〈朝の時間より〉

教室にあがってくると、なにやらたくらんでいる様子。「きた、きた！」と。私の右足が入るなり日直の中村さんがタイミングよく「起立！」そして「せ～の！」。すると全員そろって「トリックオアトリート!!」の声！　すかさず「ぶうぶう!!」と私。教室に笑いが起こる。びっくりした。そうか、明日は「ハロウィン」なのだ。なかなかやるな、夢虫っ子たち（私は子どもたちのことを夢虫っ子と呼んでいる）。このごろだんだんと自治が育ってきた。自分たちで何かをする、ということができてきた。この子たちが気持ちを一つにしたときの力はすごい。さて、その後の子どもたち、「先生、何かちょうだい！」「おやつちょうだい！」。するとどこからか「一つだけちょうだい！」あれ、どこかで聞いたせりふやぞ。

すると山村君が突然目の前に出てきて「全部ちょうだい!!!」って、いきなりそんな、あんた。無理でんがな（笑）。そんなこんなで始まった一日。今日もよい日になりそうだ。

〈五時間目　社会「近畿地方」〉

何も言わずに黒板に近畿地方の略図をかく。「これは何でしょう？」と聞く。○○地方と書くと山田君が「関西地方」と言う。惜しい。近畿地方の略図に県名、県庁所在地、そしてその県の名物や特筆すべきことを書き込み、エピソードで覚えていく。その中で面白かったものを少し。

「大阪」

武田「大阪と言えばやっぱり、串カツのたれの二度付け禁止！」

森川「関西人やねえ」

「奈良県」

吉宗「東大寺で緑の服着た人がいてん。で、誰かな〜って思ってたら（クラスの）西本さんやってん」

クラス「え〜!!」（ざわざわ……）

森川「運命の出会いやな」

「大阪」

船井「大阪と言えば！　通天閣の！　と・な・り・のスパワールド!!」

森川「……って、そっちかい！　通天閣はいいんかいな！」

「大阪」

武田「大阪と言えば阪神（電車）と阪急（電車）の終点がある」

森川「お、さすが電車に詳しいなあ」

「兵庫県（ご当地）」

小倉「西武庫公園なめんなよ!!」（学校の近くにある大きな公園である）

もう大騒ぎで大盛り上がりであった。これから少しの間、各地方について略図で覚えていく。


文字にすると実際のやりとりの雰囲気そのままというわけにいかないので上手く伝わらないですが、子どもたちとの掛け合いの中で教室の空気がつくられていきます。

私はコツコツ「ツッコミ力」を発揮しています（笑）。楽しく和やかに授業が進んでいきます。

「ツッコミ」は関西では当たり前のように使われている、会話の潤滑油です。ボケはツッコミがあるから生かされるのです。逆にツッコまれないボケは痛い。

子どもたちの言葉にも短いツッコミを入れると、その子がウケて皆のヒーローになることがあります。**教師は子どもの発言が〝チーン〟とならないように、適宜上手にツッコんであげる**ことも大切な技術です。

ここで逆に、子どもたちによるツッコミの話を。

「先生子どもやなあ」……子どもたちが私に「子ども」と言います（笑）。しかし、子どもたちに〝突っ込ませる〟ことで子どもとの距離は縮まります。それには、教師自身が子どもになること。子どもたちとなれ合いの関係になるというわけではありません。毅然とした部分と、くだけた部分を合わせ持つようなイメージです。

あと「大人げない」という言葉。最高のほめ言葉です（笑）。

私は子どもたちに「子どもげない」と言って応戦します。

子どもたちと一緒に、時には自分がガキ大将になって遊びます。

子どもたちに突っ込まれるか否かは、「心の距離のバロメーター」でもあるのです。

10 たとえ上手・砕き上手になる

子どもたちに話すときに「たとえ話」を使ったり、「砕いて話す」ということを意識すると伝わりやすくなります。

例えば、ノートに丸を描かせるとき、

「小さな丸を描きなさい」

と言うよりも、

「十円玉くらいの丸を描きなさい」

と言うほうが子どもはイメージできます。

「砕き上手」とは、わかりやすい直接的な言葉で子どもたちに話すことです。例えば、

「70分は、60分と何分ですか?」

と聞くのと、

「70分は、60分から、何分はみ出していますか?」

と聞くのでは、子どもたちの取っ付きやすさが変わってきます。

社会科見学先で技術者の方が説明するときは、大抵ほとんど砕かれないまま説明がされます。

「圧縮します」→「ギューッと押しつぶしますよ」

「溶解します」→「ドロドロに溶かします」

そんなときは教師が翻訳（?）してあげていますよね。

そのようなことを自分が話すときにも意識して、できるだけたとえ話を用いたり、表現を砕いたりして話すように心がけましょう。

11 描写力を身につける

話すのが上手な人の話を聞いていると、まるでそこにいるかのような気になります。情景がありありと浮かんできて、話にどんどんのめり込んでいきます。のめり込ませる手段が「描写力」です（これは作文指導でも同じです）。

私が小さいときから母から聞いている話で具体例を示してみます。

> 八坂神社の前のフルーツパーラー（喫茶店）で可愛がってもらっていた叔母さんと待ち合わせをしていたのよ。小学生のときに。
> そこに叔母が神社の門から階段を下りてくるのが見えたのよ……そのことを今でもはっきりと覚えているわ。

と話すのではなく、母は次のように話します。

暑ーい夏の日。

でもその時間は午後の四時をまわったくらいだから、少し涼しい風が吹いてきていたの。

昔は八坂神社の前に一階は果物屋さん、二階はフルーツパーラー（喫茶店）というところがあったの。今はもうなくなったけど残念やわぁ。

その窓から八坂神社の入り口が見えていたわ。

……で、そのときは美味しい氷スイカを食べてその叔母さんを待っていたんよ。

すると、八坂神社の朱塗りの門からスーッと叔母さんが出てきて軽やかに階段を降りてくる姿が見えてね。

紫のワンピースで、それはそれはホントに綺麗な京美人の叔母さんやったわ。

そのときのこと、今でもはっきりと覚えてるわ。


違いは歴然ですね。後者のほうが、聞いている方は話に引き込まれます（活字にするとニュアンスが伝わりにくく半減しますが）。

母は私によくこの話を聞かせてくれます。だから私も、母の叔母には会ったことがないのですが、よく知っているような気にさせられます。

また、私の祖父は話がとても上手な人で、自身の波瀾万丈な人生を臨場感たっぷりに話してくれる人でした。祖父を囲んで聞いている人皆が聞き入っては爆笑し……この繰り返しでした。どうしてそんなに話が面白いのか、祖父の話を録画したこともあります（笑）。

そこで学んだのが描写力。話に引き込まれる要素は内容もさることながら、そのときの**周りの空気感まで入れ込んで話す「圧倒的な描写力」**でした。

私が小さいときから祖父や母の話に触れながら吸収してきた「描写力のポイント」を少し挙げておきます。

【描写力のポイント】

①五感で話す（色彩を入れる・においを入れる・肌触りを入れる・音を入れる）

↓朱塗りの門／紫のワンピース／少し涼しい風

②その場の空気を入れる（季節感は、日本人の感性に訴えます）

↓暑ーい夏の日

③〝超〟具体的な話のパーツを挿入する

↓氷スイカ
④声の強弱を付ける
⑤間をとってためる
⑥投げかける（「どうしたと思う？」など、突然聞き手にふる）
⑦表情豊かに話す

これらがたくみに合わさって話は進行し、聞き手をその話の世界へ連れて行くのです。

もう一つ、描写力が優れていることを体感できる素材を紹介します。

山田洋次監督の映画、『虹をつかむ男』（西田敏行主演、山田洋次監督（一九九六年））に描写力を感じさせられる場面があります。

主演の西田敏行さんは、地方の小さな映画館主。次に上映する映画を実行委員の人たちと話し合うシーンがあるのですが、そこで西田さんが『かくも長き不在』（アンリ・コルピ監督）のストーリーを描写たっぷりに話します。

私はその映画を見ていないのに引き込まれてしまいました。それ以来何度もそのシーンを見てしまうほどです。西田さんの独特のキャラクターの魅力がもちろん大きく影響しているのですが、劇中で「かっちゃん（西田さん）の話のほうがよっぽど面白かった」と他の登場人物に言わしめる語りは必見です。

他にも『野菊の如き君なりき』（木下恵介監督）を語る場面もとても面白く、こんなふうに話せたらいいなあとあこがれを抱きます。

わかりやすく話すために「描写力」は必須です。磨きに磨きたいものです。

12 意図的にキャッチフレーズを用いる

聞き手の心に残る、聞き手の受け取りやすいキャッチフレーズで話をまとめる癖をつけると、伝わりやすい話になります。

これは、身の周りの様々な出来事で応用できます。例えば、

「今日の映画は『○○な映画』ということができるよね」

「今日の授業は○○な授業と言えるね」

などと、対象をすぐに「キャッチフレーズ化」してしまいます。

話の落としどころを「キャッチフレーズ」にするのです。文章的に言うと〃　〃の部分で話をまとめていく感じでしょうか。

例えば、次のような場面です。二人の先生が話しています。

A：勉強会に行くと何がいいかわかる?

B：え、何でしょうねえ。

A：学んでいる人が周りにたくさんいるから自分も触発されて学ぶ気になるよね。

B：確かに。

A：学ぶ内容もそうだけど、その場の雰囲気に刺激される、触発されるというのも大きなメリットやなあ。言うなれば〝**学ぶ姿から人はまた学ぶ**〟やなあ。教師も同じやなあ。

B：そうですよね。クラスのみんなが真剣に学んでいる姿がまた真剣に学ぶ子を生む……。

A：毎日の学級活動は、〝**教室にプラスの連鎖を生むこと**〟で進んでいけばいいよなあ。

このA先生は〝**キャッチフレーズで話の楔を打って**〟います。

「キャッチフレーズ」を話のまとめ役として意識的に使いましょう。

毎回意識していると、自然と話を短い言葉でわかりやすくまとめようとしている自分に気づかされるときがきます。

13 ケーススタディで鍛える

様々なケースを想定した練習をする方法です。

「こんな場面あるよね」ということを出し合い、自分ならどのように指導するか、ということをシェアします。

私が学級経営セミナーなどで行っていることです。

例えば、次のような問題にあなたはどう答えますか。

1　幼稚園、小学校低学年の子が飽きないように、「あなたの住んでいるところ」について説明してください。

2　「知恵」を、小学校一年生の子がわかるように説明してください。

他に「『度胸』を説明してください」など、日頃何気なくつかっている言葉でも低学年の子にしたらわからない、という言葉はたくさんあります。

「幸せ」「夢」「一般的」「普通」……などなど言葉で明確に説明するのが難しいような言葉は、練習のしがいがあります。

「知恵」や「度胸」は実際に担任していた二年生の子から私に質問があった言葉です。「知恵」は、教科書教材の『たんぽぽのちえ』に出てきました。とっさに「うまくいくようにする作戦」と私は説明しましたが、私たちは子どもたちから急に質問を求められますし、最初から「この言葉はわからないかも」と予測しておくことも大切ですよね。

正解はないのかもしれませんが、常に「わかりやすく話そう」「わかりやすく話すためには……？」という意識を自分に課しておく必要はあります。

そのためのリアルな修業方法がケーススタディなのです。

14 授業でのわかりやすい話し方

「ムダ言葉」を入れない

「ムダ言葉」とは、「えーっと」とか、「それでは〜」など、入れなくてもよい言葉や、自分では気づいていないけれども癖になっている短い言葉などです。それらを「ムダ言葉」と呼んでいます。これをなくすには、自分の授業をビデオに撮って再生することにつきます。気づいていなかった自分の癖が手に取るようにわかり、見ていられなくなります(笑)。しかし、これをすることなしに、自分のことを「客観視」することはできません。そして、授業に臨む前に心の中で、「『えーっと』と言わない」などと反芻するのです。思い出してみれば、自分が学生のとき、授業をしている先生のクセを数えたりしませんでしたか？「○○先生、『え〜っと』って何回言う？」みたいな。

「次の作業指示」とセットで話す

リズムのよい授業は、子どもたちの活動の合間に切れ目がありません。それには、教師が次の作業指示を、活動の終わりと一緒に間髪入れずに言うことです。

例えば、「漢字カード」を音読している場面。

教　師：(カードを見せながら)動物園。

子ども：どうぶつえん！(ここでフラッシュカードの活動終わり)

間髪入れずに

教　師：教科書26ページ。

漢字カードが終わったら、つい、「はい。これで漢字カード終わり。まだちゃんと覚えていない人がいるよ～」などといろいろなことを言いたくなります。しかし、間髪入れずに「教科書26ページ！」と言ったほうが、教室の空気が引き締まるのです。

「挙手―指名式」の発表形態ばかりにしない

発表形態が「挙手―指名式」ばかりではよくありません。

リズムよく授業を進めていくうえで、確認させるための発表なら、列指名です。教師が指名する列の先頭に立ち、歩きながら「はい、はい」と指していくのです。
　テンポよく一人ずつ当てていくだけでも授業のリズムが生まれます。
教　師：秋を感じるもの。はい、行きますね（と言って、ある列の先頭に移動）。
教　師：（無言で先頭の子に手で合図）
子ども：紅葉です。
教　師：（黙って次の子に合図）
子ども：柿です。
教　師：（次の子の横に移動するだけ）
子ども：食べ物が美味しい。
教　師：（移動）
子ども：読書の秋です。
　スッスッスという感じです。モタモタしていてはテンポのよい心地よい感じはつくれません。テンポのよい感じは、意識して発表形態（指名の仕方）を変えていくことで実現に近づきます。

15 何でもないような話こそ

子どもたちが自分に話してきてくれる日常会話。その何でもないような話こそを、大切にしたいものです。教師自身が子どもたちと何気ないコミュニケーションを頻繁に取ることは大きな学級経営となります。以下、何でもないような会話四連発（笑）。

児童「先生、お腹すいたわ～」
先生「朝ご飯食べてへんやろ？」
児童「当たり」
先生「〝当たり〟と違うやないか。食べてこなあかんで」

児童「先生、牛乳かりんとうって知ってる？」
先生「なんや、その魅力的なかりんとうは？」
児童「めちゃくちゃうまいで」

先　生「どこに売ってんの？」
児　童「コープさんや」
児　童「先生の車、見たで～」
先　生「うそやん。いつの間に？」
児　童「昨日乗りに来るの見た。先生、公園の駐車場に止めてたやろ？」
先　生「え？」
児　童「先生、ベンツと違うかったで。見た」
先　生「え？　それは〝先生によく似た別の人〟や」
児　童「うわ～!!　うそや。先生の持ってる目玉親父のカバン持ってた」
児童2「ああ～ばれたな。先生」
先　生「(わざとらしく) え？　そうなん？　何か今、目玉親父のカバン、日本中で大ヒットしているらしいよ」
児童たち（爆笑）「絶対うそや。そんなん聞いたことない」

児　童「先生、いつになったら結婚するん?」
先　生「君らその話ばっかりやないか。大丈夫や」
児　童「もう一生結婚できへんで」
先　生「大丈夫や。先生あと二年で結婚することになってる!（あ、まずいこと言ったかな・汗）」
児　童「（大声で）みなさん、先生あと二年で結婚することになってるらしいです!」
児童2「それは本当ですか?」
児童3「言いふらそう!!」
先　生「うそでした」
児童たち「そんなことだと思ってたよ」
全　員（爆笑）

いずれも高学年を担任したときの日常のごくありふれた（?）会話です（笑）。しかし子どもたち、いざ授業になると集中して考え、発言する。メリハリのある会話、教室の空気。そのような空気が「知的であどけない集団」をつくっていきます。

何でもないような話で、先生と子どもたちとの密度を濃いものにしていきましょう。

16 思いを伝える

子どもたちには誠実に話す。一番自分に言い聞かせていることです。やはり何よりも子どもたちには誠実に接したいものです。

話すときに、それは大きく出ます。


ありがとう。

ごめん、先生が悪かった。

本当によく頑張ったな。

先生はうれしい。


このようなことをいつもすぐに言える教師でありたいと思います。

特に、「先生が悪かった」と子どもたちに謝ったり、「先生はみんなのことが大好きやねん」と素直に気持ちを伝えたり、「先生はみんなにこういうふうになってほしいから、これをします」というようなことは、はっきりと言ったほうがいいと思います。

活動をさせるときは、「なぜみんなにこれをしてほしいのか」を話しています。

先生の本気は、子どもたちに伝わるものです。

この間も個人懇談で、ある保護者の方から、「先生は僕たちのことが大好きなんやで、って息子が話していました」と言われました。

子どもたちへの思いは、授業で一番伝わっていくと私は思っています。

そしてまた、それらの思いは様々な角度から子どもたちに伝えていく、伝わっていくものだとは思います。

しかし、直接「大好きだよ」「大切だよ」「心配だ」ということも言っていいのです。

思いはどんどん伝えましょう。

心を伝える

17

「犬の散歩お断り」といった立て札を見ることがあります。
驚いたのは「敷地内劇薬入りドッグフードあり」というものです。
よっぽど何かあったのでしょうね。
しかし、このような挑戦的な立て札を見ると、悲しくなります。
立て札にも人柄が出るのです。
読んだ人は腹が立つだけではないか、と思うのです。
「守ってくれてありがとう」的な書き方のほうが優しくて好きです。
遊んではいけない場所で子どもが遊ばないように立て札が立ててありました。
「ここで遊んでいる者がいます」
と書いてありました。

投げ捨てるような書き方は読んでいて気持ちがよくありません。

書いた人の表情が浮かんできそうです。

この人は自分の腹立ちを伝えているのです。指導になっていないのです。

また、嫌みで伝えることはいりません。

そのままを伝えます。

回りくどく、嫌みで伝えると反発だけが残ります。

優しく、でも子どもの感情に訴えるように伝えたいものです。


私の父は、現役の教師のとき体育主任をしていました。

朝礼ではよく、ボールの使い方についての話をしたそうです。

「ボールが泣いています」

といつも話していたとか。


小学校の先生なのです。言い方があります。

身も蓋もない言い方よりも、優しく、でも残る伝え方をしたいですね。

どう伝えるかに正解はありません。
あるとすれば「心」が入っているか、です。
心で伝える。
心を伝えるのです。

Chapter1　習慣にしたい子どもとクラスを変える
話す・聞くための視点

Chapter2

習慣にしたい指導力を高めるための視点

Chapter3　習慣にしたい授業力を高めるための視点

Chapter4　習慣にしたい幸せに働くための視点

18

「みんな」の落とし穴

とかく私たち教師は、子どもたちに対して「みんな」という意識が働きがちです。

みんな一緒。
みんなに話させる。
みんなに読ませる。
みんなに言わせる。
みんなに参加させる。

これは間違いではありません。
全員理解、これは絶対に意識していかなければならない生命線です。
しかし、「常にみんなに何かさせなければ」と考えるのは危険です。

みんなに話させなければ、と考えるのはわかりますが、話すことを強要することで話せなくなる子もいます。

みんなに読ませないと、と考えるあまり、読むのが苦手な子に難しい漢字がたくさん出ている箇所を音読させてしまう。その子は『ああ、もう二度と読まないぞ』と思うかもしれません。

列指名で当てていって、その子の直前でＬ字型に方向転換して回避してやることがあってもいいのです。

要は、何をねらっているかが大切です。

無目的に「みんな」が先行しては危険である、という話です。

「みんな」を貫いたがために、恥をかかされている子がいるかもしれない。嫌な思いをしている子がいるかもしれない。

そう考えて、やみくもな「みんな」意識は捨てましょう。

19 情報を更新する

Ａさんの情報、更新していますか。Ｂ君の情報、更新しましたか？　クラスの子どもたち一人ひとりの情報は、常に更新していかなければなりません。

では「情報」とは？

その子の声。その子の表情。その子の書いている内容。

その子の頑張っていること。その子の今やっている遊び。

たくさんありますね。

一つ一つメモしていくわけではありません。

クラスには子どもたちが三〇人前後もいるのです。

そこで、すぐにできる更新方法があります。

それは、**最低一日一回はすべての子に声をかけるか、すべての子の名前を呼ぶ**こと。

学級人数が四、五人ならば、意識しなくても一人の子に複数回話しかけているでしょう。

しかし、三〇人、四〇人になってくると、下手をすると一回も声を交わさないまま一日が終わってしまうことがあるかもしれません。

そこで、一日一回は必ず声をかけます。

朝、出欠を取るときに見回して、誰々が休んでいるな～とするところを、名前を呼んでみる。授業ごとに名前を呼んだ子たちを意識しておいて、六時間目までには全員呼ぶ。名前を呼んでいない子たちのところへ行って給食を食べる。

意識せずとも全員と声を交わせるようになればベストですが、いろいろなことが一気に起こる教室という場所。まずは意識して全員の子の名前を呼びましょう。

全員と話す、会話するということを習慣化しましょう。

名前を呼んで返事を聞けば、その子の「声」がわかります。声のトーンで何となく「心」がわかります。会話を交わせば、情報はより詳しくなります。

情報は言葉にできるようなことだけではありません。『何となくこの子、今日～だな』という感じも大切です。教師の勘のようなものです。

日々、小さくても全員の「情報」を更新しましょう。

長所で評価する

20

我々教師は、ついその子のマイナスの面ばかりが見えてしまいます。

「忘れ物が多い」「きつい言葉ばかり言う」「私語が多い」――もちろんこれらのことに指導もしていくのですが、子どもたちへの評価は、基本「長所」ベースで行いたいものです。

「遊びが得意」「スポーツが得意」「よく気がつく」「授業中の呟きが鋭い」……。

短所が目立つ〝にもかかわらず〟その子の長所が見えるならば、それは子どもたちをきちんと客観的に見ている証拠です。

子どもたち一人ひとりを、短所も長所も見える客観的なところから眺めることのできる教師になりたいものです。

21 一人の子と一人以外の子

教師であるあなたがある子を叱ったとき、それに被せて同じようにその子に注意をする子がいます。「ほら！」とか「また言われた！」といった、からかいの言葉をかける子もいます。

そういう子を、絶対にスルーしてはいけません。

そんなときには、

「叱るのは先生の役、みんなは励ます役」

ということを話しましょう。

ここをスルーすると、教室の中にあげ足ばかり取り合う空気がつくられていきます。

子どもの中に、注意する側の子、注意される側の子、という関係ができてしまってはいけないのです。

注意するのはあくまでも先生の仕事、自分たちは全員平等、同じ関係、対等の関係、ということが、子どもたちの中に暗に浸透していなければならないのです。

教室ではどうしても同じ子ばかりが注意される状態になります。しかし、それはあくまでも教師からのことであって、そのときは、「その子も頑張っているんだ、見守っていこう」という意識を周りの子は持つ……。そこが大切です。

この空気は、最初は教師がつくります。

「今、他のみんなは黙って応援してくれているんだよね」

「今、彼を責めないのが本当の仲間だ」

ということを教師が先頭に立って話し、そういうものなのだ、と認識させていくのです。

一人の子を注意しているときは一人以外の子をこそ、常に意識しておく必要があるのです。

22 教育はサンドイッチ

例えば子どもたちに、

「集めたプリントは、これからは名前の順に並べておいてくれる？」

と頼んだとします。

すると、次の日からきちんと並べられていた。

チェックしていくときにとてもチェックしやすかった。

ここで教師は全員の前で、

「昨日、先生は『集めたら名前の順に並べておいてください』って頼んだんです。そうしたら早速、今日、名前の順に並んでいる。助かるよ。ありがとう」

と言わなければなりません。

ここまでがセットです。

つまり、**「お願い」＋「賞賛」**ですね。

「指導」＋「評価」です。

教育はサンドイッチなことが多い。
指導しっぱなしはダメ。
お願いしっぱなしもダメ。
きちんとサンドイッチして終了なのです。

23 生徒指導は「〇〇したか」がすべて

生徒指導場面。当事者の子どもたちと時間をかけて話をした。子どもたちも謝り合った。しかし、その放課後……保護者から電話がかかってくる。

こんなことよくありますよね。

どれだけきちんと対応しても、こういうことはあります。とにかく言われることが許せない、注意を受け入れることができないご家庭もあるからです。

しかし、そういった理不尽なことを除いて、サッパリと終えられない理由の多くは、「子どもが納得せずに帰っている」ということ。モヤモヤ感を残して帰っているのです。

生徒指導は「納得させたか」が大切。

そこで、話の合間合間に次のような言葉を挟んでいきます。

「ここまで、いい？」

「今考えていること、言ってごらん」

「ちゃんと心から納得している？」
「ここまでで違うなあと思うことがあったら、話してごらん」

胸のうちを話させたり、形としてきちんと落としていくように進行するのです。

いけないのは教師が一方的に叱っている状態です。子どもの思考に合っていませんから、「怒られた」ということだけが残ってしまいます。

話の最後に、私は「納得した？」とさらに念を押します。

「本当に納得している？　ちょっとまだ何かモヤモヤしているんじゃない？　それだったら言ってな」

と言えば、微妙に納得していない場合は話してくれます。

さらに私の場合は最後に簡単な儀式を……。

私を含めたその場にいる全員で、それぞれの拳を中央で皆とちょんと乾杯のように触れさせ、「はい、終わり！」とリセットして帰しています。

生徒指導はただでさえマイナスなことから出発しているのです。できるだけ後味の悪いものにしたくない。最後はやはり気持ちよく学校から帰してやりましょう。

24 強烈な子がクラスをつくる

無難なことを言う子ばかりだとクラスは活性化しません。

やさしいだけの集団になります。

そこに猛々しさはありません。

しかし、強烈な子がいる場合は、クラスが活性化します。

強烈な個性を持っている子は、一見すると大変で、クラスもままならない状態になりそうな気がします。

しかし、です。その子がいるからクラスが活性化し、クラスの面白さが出てくる。

強烈な子はクラスのエネルギー源となりうるのです。

そしてまた、そういう子を先生がどう扱うかをクラスの仲間は見ています。

教師の技量が試されているのです。

後々になって私たち教師の心に中に強烈に残っているのは、「強烈な子」ではありませんか？

そういう子が自分の教師観を変えてくれた、ということはありませんか。

四月のスタート時、「どうして自分のクラスには……」と思うようなことがあったら、少し落ち着いて、「自分の教師観を変えてくれる子に巡り会えたのかもしれない」と思い直してみてください。

そのときはそんな綺麗事ではすまされないかもしれませんが、後々、ずっと後になって、その本当の意味がわかるときがくるのかもしれませんよ。

すべての子に、「出会えてありがとう」。

25 メモは人生の「書くこと」

クラスの子どもたちの中に、「メモ」はノートの周りや隅に書かなければならない、という認識を持っている子がいました。

おそらく漢字ドリルやワークの周りの余白の部分にメモをさせているので、ノートでもそうなのかも、と思ったのでしょう。

私が「国語ノートにメモするときは、堂々とノートを使って書いていいんだよ」と話すと、「え？　そうなの？」と言っていました。

授業中に友だちの発言や先生の話の中から「メモしておこう」と思うようなことが出た場合は、きちんとノートのページを使って堂々と書きなさい、と伝えましょう。

その際は「メモ」とか、「○○コーナー」など、メモであることがわかるようにしておくと、後から板書と区別できてノートのまとめをつくるときに便利です。

また、自分の思いついたアイデアもメモです。

「アイデア」と書いてメモさせます。

メモは付属品ではありません。

〈板書〉がある学生時代は、学びのほんの最初の一部です。

長い人生、**自分で書こうと思ったことを書いておく「メモ」こそ、自分の人生をつくっていく「書くこと」の真骨頂**です。

「メモ」は主役なのです。

26 思考させる言い方をする

教師が子どもに問いかける場面は多いです。

その際、いつもいつも「わかる人？」「聞いていた人？」のような問いかけは、子どもたちの「反射」を促すだけになってしまいます。

そこで、少しだけ考えて問い方を変えましょう。

「最後まで言える人？」

「同じことが言える人？」

「どちらかというと賛成？」

「全面的に賛成？」

「どちらかというと反対？」

「最後に出てきた言葉が言える人？」

子どもたちに思考させるように問いかけます。

子どもたちがきちんと聞こうと思うような問いかけをします。

もちろん「聞いていた人？」という問いかけがあってもいいのです。

しかし、いつもいつもこれでは、子どもたちは考えません。

子どもたちの脳が「またこれか」と簡単に処理してしまわないような環境をつくるのです。

27 待つ

子どもたちが発言するまでの何十秒、何秒かの間でさえ、待てない自分がいます。たとえ三〇秒でも発言せずに待っている間は永遠のように感じられる、そのような人も多いのではないでしょうか。

しかし、教師には「待ち」が大切です。

子どもたちを信じて待たなければ、子どもは育ちません。

例えば、子どもたちだけで話し合いを組織するとします。

最初は、話し合いの仕方をその都度話の途中に教えていきます。

しかし、待つときは待つ。シーンとしても待ちます。

そうして、その次に沈黙を破って発言した子をほめます。

「今、意見が出なくてシーンとしたよね。でも〇〇ちゃんは、そこで頑張って自分から立って発言した。それはとても勇気あることなんだぞ」

〇〇ちゃんに拍手が起こります。

このように、指導することはしっかりと指導して、次に待つ。それが大切です。途中で発表が少しストップしても冷やかさず、頑張れ、と思って待ってあげることがクラスの仲間のすることです。ことあるごとに話しています。

教師も子どもたちも、両方が待てるクラスが、学びの深まるクラスなのです。

28 「熱中人」育成！

子どもたちの中に「熱中人」を誕生させましょう。

ＮＨＫのテレビ番組に、何かに打ち込んでいる人のことを「熱中人」と呼んで紹介する番組がありました。

・新聞を作れば、ビッシリと読むことも難しいくらいの字で紙面を埋める子。
・日記に目覚め、毎日毎日凝った日記を書いてくる子。
・自学にのめり込んでいる子。
・辞書引きに命をかけている子。

このようなことに「突出した子」が誕生するのは特に小学生時代。このどんなことにでも多くの時間をかけられる小学生時代こそ、その後に本当に力を入れ続けることのできるものに出会うための礎となるのです。

熱中人を誕生させ、尊び、紹介し、さらにのめり込ませましょう。

熱中人のパワーは他の子に伝染するので、クラス全体の学習に対するムードが大きく高まります。

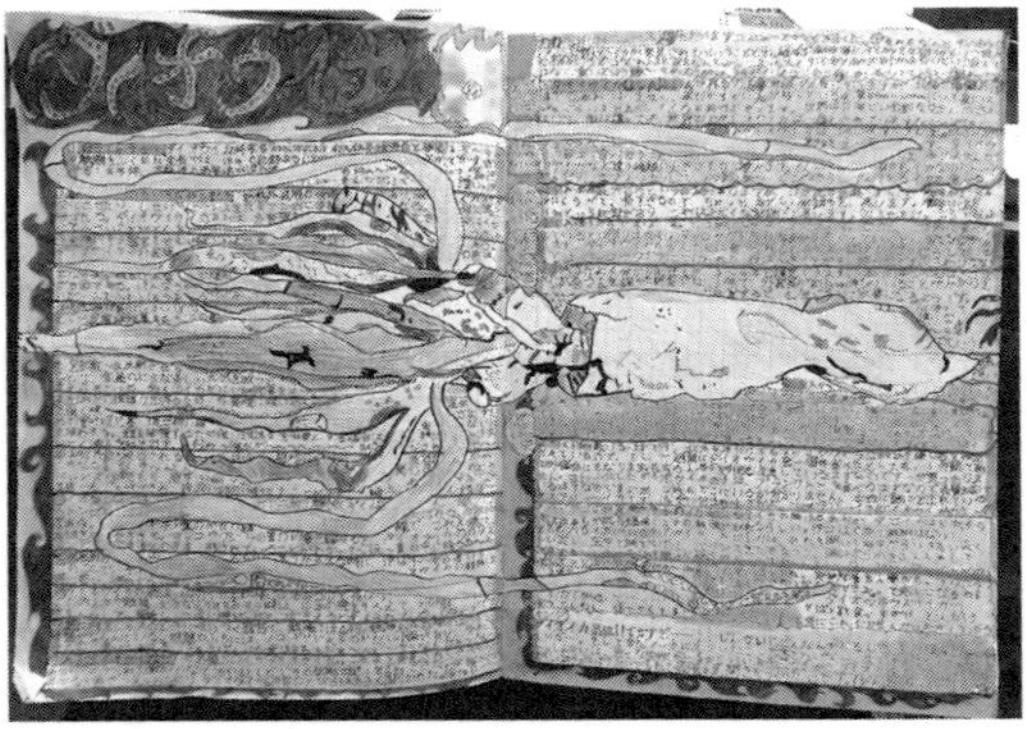

「自学熱中人」のノート

例えば、「辞書引き熱中人」は、辞書を私が声をかける前に引いています。「引いてるよねえ」と言ってその子のほうを向くともう引き終わっている、そのような子です。授業後にも報告に来ます。

Ａ４のノートに行っている自学で調べたのは、『ダイオウイカ』。ビッシリと書き込んでいます（見開きで取り組んでいるのでサイズはＡ３になります）。

ここまでくればこれはもう「遊び」です。「文化」です。頭が下がります。

我々教師は教室内に、「熱中人」を育成しましょう。

29 真剣とふざけの境目をハッキリさせる

本屋で本を選んでいるときでした。次のような子どもの声が聞こえてきたのです。

「はよ行こうや～。スマホと寝るしかせえへん母ちゃん」

聞いた瞬間ギョッとしました。その子は何度も言います。

「スマホと寝るしかせえへん母ちゃん」

まるで悦に入っているかのように得意げに話す幼稚園くらいの子ども。

それに対して母親は何も注意をしません。ヘラヘラと笑い、「それ以外もやっとうで～」と子どもにふざけながら返しています。

虫唾が走るとはこのことです。母親はウイットに富んだ会話、仲むつまじい母子の会話、ぐらいに思っているのでしょうか。一刻も早くその場を立ち去りたい気持ちでした。

こんな家庭に育つ子どもが、親を尊敬するはずがありません。人に丁寧に接することができるようになるはずがありません。親としての意識の低さ、教育者としての意識の低さは、そのまま子どもの姿となって表れます。

人への思いやり意識の低い教師の教室には、同じような子どもが量産されます。言葉への意識の低い教師のいる教室に、言葉にこだわる子どもたちはいません。

今回の場合、「あんた、それは言いすぎやで。失礼や。謝り!」とピシャッと言わなければならないところだと思います。

真剣とふざけの境目は、明確に分けていなければなりません。両方の間をクラゲのようにゆらゆらと緩く漂っている状態は、子どもをダメにします。子どもの心を腐らせます。そのような状態で、場に応じて自分を律することのできる凛とした子は育ちません。どれだけ楽しい雰囲気でも、どれだけテンション高く盛り上がっていても、こだわるところはこだわる。**譲れないところは譲れない**のです。

30 没頭と客観

私は劇の練習が好きです。

子どもとのままごと遊びも実に楽しい。

なぜならアドリブを連発できるから。子どもたちが大いに笑ってくれるからです。

しかし、私の悪い癖（？）なのか、アドリブをあえてやりすぎてしまいます（笑）。

そうすると、お姉さん的な女の子に、

「先生、アドリブやめてください！」

と叱られてしまいます。

そこで余計にアドリブします（笑）。

……とまあ何気ない日常の風景ですが、子どもたちが「失礼」という領域に入った瞬間は聞き逃しません。

「それは失礼だよ。謝りなさい」

と瞬時に切り返します。

そして、謝ったら即座に「はい、よろしい」と返す。

ここはさらっと。

でもスルーしない。

失礼にまで行きすぎるような場合に備えて、アイドリング状態でいるのです。

子どもと**遊んでいるときは没頭しているのですが、一方で教育者たる客観的な部分を冷静に残しておく**のです。

31 学んだことは人に話す

学んだことは、一度教える側になって自分の血肉とします。

セミナーで学んだこと。本で読んだこと。調べたこと。

何でも同じです。

学びは一旦人に話し、教える側になることで自分に定着します。相手は同僚、家族、ペット……はさすがにどうかと思いますが、誰でもいいのです。

話しているうちに思考は整理されていきます。

これは実はアイデアも同じで、人に話しているうちにだんだん整理されていくのです。人に話しながら、「お、今、上手く言えたなあ……」と思うことはありませんか？　そのときはチャンスです。すぐさまメモします。自分で話しながら、自分の話をメモするのです。**アウトプットすることで整理された情報を逆輸入する**のです。

ちなみに私は、執筆することで情報を逆輸入し、意を新たにしています。

32 必ず「学び」を得るためにすること

ひたすら箇条書きにする

どんな研究会、研修会でも、必ず何か学ぶものがあります。

研修などで、何か得るものがあるかどうかは、自分のスタンスですべて決まります。どのような内容にしても、自分に引き寄せて考えます。それが「元を取る」ということです。

そのためには、**「学び」「気づき」を箇条書きでひたすら書き出す**ことです。何かしら一つでも学びを取り出し、持ち帰るためにいいのは「とにかく書くこと」です。話を聞きながらとにかく何となくでも書き出してみる。そうしたら得るものが浮かび上がってくるかもしれません。

また、話を聴いて新しいアイデアが浮かぶかもしれません。参加している研修会とは何の関係もないアイデアが浮かぶことも多々あります。

でもそれは、その研修会に出席したからこそ浮かんできたものです。インスピレーションを受けたからこそです。

とにかく書き出す。それも箇条書きで。

箇条書きで書くのは、〝学びの蓄積感〟があるからです。私は教室でも、子どもたちに「箇条書きの鬼」という作文指導をします。それを自分でも行います。その際は番号を付けて書きます。

そのためには、最初から「とにかくひたすら書くぞ」と割り切って研修会に挑むことです。体力がいるので（笑）、一気に最後まで突き進む感じです。

また、箇条書きするのは講師の先生の話だけではありません。**話を聞いて思ったことやアイデアもそのまま番号を付けて並列で書いていきます。**

終了時には〈「講師の先生の話」と「自分の考え」が入った自分オリジナルの研修のまとめ〉ができあがることになります。番号を付けてどんどん箇条書きにすることで、学びの蓄積感が生まれるのです。

聞きながらひたすらポメラに打ち込む

箇条書きと同じく重宝するのが、聞きながらポメラ（電子メモ、キングジム）に聞いた内容をどんどん打ち込んでいく方法です（ポメラについては『教師力を鍛える77の習慣』で詳しく紹介しています）。

この勉強法のよいところは、講演終了後には、講演のまとめがデータとしてできあがっている、ということです。

金子みすゞさんの研究家で、作家の矢崎節夫さんの講演会を聞く機会に恵まれました。その際に、私はこのお話はこれからもいろいろなところで自分が使いたい、と思ったので、そのままポメラに打ち込んでいきました。以下はそのときに聞いて打ち込んだままのデータの一部です。

2012/01/27 15:32　矢崎節夫氏講演
人間中心のまなざしを私たちは変えられるか。
こんなにステキな子どもたちの前に立てる先生はいいなあ。
大人というのは、子どものベテラン。

子どもに負けたくない。
子どもよりもたくさん食べて、読んで。
子どもは大人の新人。
大人と子どもという考え方は違う。
「こだまでしょうか」の詩。
「あなた」という存在がなければ「私」は存在しない。
「私とあなた」ではなく、「あなたと私」。
生まれて犬の中におかれたら、「犬」。
人間というのは、周りにたくさんのあなたがいたからこそ、人間なのだ。
赤ちゃんは愛されていることを心音のこだまによって、無意識のうちに知る。
ステキな大人たちは「こだま」して接してくれた。
ケガして、「いたい」「いたいねえ」。
きちんとこだましてくれる大人に育てられること。
「痛いね」と「痛くない」のどっちが嬉しい？
子どもは「痛いね」と言ってくれるほうが嬉しい、と言う。

「こだま」をわすれて、自分の言いたいことを先に言っちゃう。
子どもが生まれてくれたから親になった。

学びを筋肉にするには

持ち帰ったものは話しましょう。アウトプットします。自分の周りの人に手当たり次第話します。

「ブックトーク」の研修を受けました。「ブックトーク」とは、「一定のテーマの元に一定時間内に複数の本を複数の聞き手に紹介する行為」のことです。子どもたちに効果的に本の世界に興味を持ってもらう手だてとして学校でも活用されています。

研修では詳しいスキルは学ぶことができなかったのですが、研修の後半で各自で「ブックトーク」のシナリオをつくってみよう、ということになり、四〇人の参加者それぞれが持参した本を使ってシナリオをつくりました。私はそのときは発表することはなかったのですが、ちょうど次の日が、私が主宰しているサークル「教師塾あまから」の例会でした。せっかくシナリオをつくったので、よい機会だからと会の終わりの一〇分を使って「ブックトーク」をして見てもらいました。

実際に他人の目にさらす、というのは大きな学びになります。そのままだったらせっかくの研修会での学びが小さなものになってしまっていました。実際にサークル員の先生方を前にしてやってみることで、とても勉強になりました。

「学び」を「筋肉」にするには**「やってみる」「言ってみる」ことであたたかいうちにアウトプットすること**、これに尽きます。

どんな研修会でも、講演でも、勉強会でも、**「学び」の有無を決めるのは自分自身**なのです。

33 まずは自分から

子どもは、先生の後ろ姿を見ています。

部下は、上司の後ろ姿を見ています。

後輩は、先輩の後ろ姿を見ています。

そして尊敬したり、感心したり、ガッカリしたり、幻滅したりしているのです。それはまさに学級経営と同じです。

先輩が子どもたちに笑顔で授業しているところは、後輩も見ています。

そのうえ、子どもたちと同じように自分たちにも笑顔で接してくれる先輩が、格好いいのです。

子どもたちと同じように笑顔で接してくれる先輩（上司）に、後輩（部下）はあこがれを抱くのです。

「子どもには分け隔てなく接するほうがいい」と口でいうのは簡単です。しかし、それを自分の後輩にもできているかが肝心なのです。

先輩がした後輩へのサービスは、今度は後輩が先輩にしたくなるのです。

そしてそれは、子どもにするようになるのです。

まず自分から、後輩にサービスをするのです。

後輩に「子どもには常に笑顔で接しろよ」と教えたいなら、後輩にいつもいつも笑顔で接するのです。

対、子どもへも同じ。

子どもに「常に感謝する心が大切だ」と説きたいなら、まずは自分が、いつもいつも「ご苦労さん」と子どもに声をかけるのです。

自分がどうか。

自分にできていないことは人には言えないのです。

Chapter1　習慣にしたい子どもとクラスを変える話す・聞くための視点

Chapter2　習慣にしたい指導力を高めるための視点

Chapter3
習慣にしたい授業力を高めるための視点

Chapter4　習慣にしたい幸せに働くための視点

34

「フラグ」を立てて授業に挑む

授業に入るときには、自分の教態についての〝フラグ〟を立てましょう。今一番意識したいことのフラグを立てて授業に臨むのです。

【フラグの例】


「笑顔で話そう」

「机間巡視では、まんべんなく回ろう」

「机間巡視では、あの子のところに行こう」

「指名が偏らないようにしよう」

「すっきりとした板書を心がけよう」

「今日は○○君に一度は発表させたい」

「○○君のノートに注意。きちんと書いているか確認しよう」

「今は四時間目なので次は給食。時間より少し早めに終わろう」

「図工の授業だ。指示は短く極めて具体的なものにしよう」
「書写だ。時間配分に気をつけよう」
「静かにしなさい、ばかり言っていてはだめ。静かにしてしまうワークを入れよう」
「体育だ。運動量を確保しよう」

具体的なフラグが立てられるのはあなたが担任の先生、担当の先生だからこそです。

逆に言えば、具体的なフラグこそが、あなたが今の場所にいたからこそ立てられるものであり、あなたの担任（担当）としての存在意義です。

フラグは挙げればきりがありませんが、この最大のメリットは、これらを毎回毎回具体的に意識していることで、とっさのときに、教師としてのよりベターな判断ができるようになるということです。

無意識のときにしている判断や行動こそ、つまりは「習慣」になっていることこそが、自分の力です。

無意識のうちにしていた、というところにまで持っていくために、これらの具体的な毎回の授業のフラグがあるのです。アンテナを立てる意味があるのです。

35 全員が「気づき」のある状態に

「言いかけてやめる」

これは子どもの思考を促し、全員を授業の場にのせる、シンプルかつ、いつでも使える便利な方法です。いま、例を書こうとしたら、あまりにも使いすぎているので逆に特定できないくらいです（笑）。

「ここで間違えることがよく……分母も……あ、あんまり先生が言ってしまったらあかんな。ごめん」

これは算数の分数の学習の場面。分数のたし算で分母までたしてしまう子がいたときです。

「ん？　臨場感を出す言葉は……？　ああ〜、まだあるなあ……近くの……」

これは「ちいちゃんのかげおくり」（三年生）の学習の際、主人公ちいちゃんが一人になり、状況が悪化していく様子が臨場感たっぷりに描写されている場面です。

　ここでは大まかな説明になってしまいますが、様々な場面で「言いかけてやめる」は使えます。子どもたちの中に**「先生が言ったらだめ、ぼくたちが言いたい」という図式をつくっていく**のです。

　これは子どもを当てたときも同じです。子どもに少し言わせておいていよいよ本題、というときにあえてストップさせる。そして、周りを見回す。そうすると、周りの子もそこまでがヒントとなり気づき出します。一人の子の水面に投げた石の波紋が広がっていく感じです。そこでまた言いかけていた子に続きを言わせるのです。

　ここで気を付けなければいけないのは、基本的には言いかけていた子にきちんと最後まで言わせてあげること。肝心なところが言えないとせっかく口火を切ってくれているのに不完全燃焼になってしまいます。

　もし他の子にいろいろと話を振っても、最終的には最初の子に言わせるなど、**子どもたちの心情は常に心に入れて授業を進行していく**ようにします。

　「言いかけてやめる」をうまく使えば、子どもたちを思考の波にのせることができます。一部の子が気づいている状態でそのまま授業を進めるのではなく、**その都度全員を「気づき」の状態にもっていく**、それが教師の仕事です。

36 複数のアプローチをストックする

いつも授業の新しいアプローチの仕方を仕込んでおきたいものです。

常に新鮮なネタを仕入れている料理屋さんは、何度もリピートしたくなります。

近年私が通い出した淡路島にあるお寿司屋さんは、地元の人が頻繁に通う小さなお店なのですが、入り口から入ってすぐのところにある生け簀の中には、いつも新鮮な魚が泳いでいます。ハモの時期ならハモが泳いでいます。フグの時期には大きなトラフグが泳いでいます。そこの大将は、こだわりがあって、旬を過ぎて美味しくない、と判断したらその魚は出しません。例えば鯖寿司は、年がら年中あるイメージだったのですが、この店の大将は、脂ののったおいしい時期にしか鯖寿司をつくりません（ここの鯖寿司がまた格別なのです！）。

やはり、教師もネタを常に更新しておかなければなりません。

授業のアプローチの方法をいくつか持っておくのです。そうすれば**選択肢が増えてクラ**

スの実態に対応しやすくなります。また、授業中の予期せぬ展開にも柔軟に対応できます。

例えば、「大造じいさんとガン」（五年生）では「情景描写」を扱う授業をすることが多いのですが、そこでのアプローチの仕方を考えてみます。

①「情景描写」を取り除き、描写がある場合と比べる。

②大造じいさんの気持ちが大きく動いているところを探し出し、共通点を見つけ出すことで「情景描写」を取り出す。

③「情景描写」の部分に直接的な大造じいさんの心情を入れ込み、元の情景描写のときと受ける印象の違いを話させる。

様々に考えられますが、情景描写にたどり着くまでのアプローチの方法がいくつかあると、授業にバリエーションが生まれます。

そして、クラスの実体に合わせて「直接的に攻める」のか、「話し合いの中で出てくるようにする」のかを考えて選択していくのです。

同一教材でも複数のアプローチをストックしておきましょう。

37

〝考える余地〟を残すのが授業

〝考える余地〟を残すのが授業です。

一から一〇まで知識を綺麗に伝達して終わりではありません。一から途中まで伝達して、考える余地を残す。または、すべて伝えてその次を考えさせる。

授業の最中でも、考える余地を意識した簡単な子どもへの言葉がけがあります。「先生は次、何て聞くと思いますか？」「先生は次、何て黒板に書くと思いますか？」

これらの発問で、子どもたちは完全受け身の姿勢ではなくなり、次に先生は何と問うだろうと考え出します。それはつまり、授業の先を読んでいく行為になり、主体的に考える行為を促すものになります。

また、作文指導の「書き終わり」の指導（一斉授業）も同様です。

クラスの子の上手な日記の「書き終わり」を読み、黒板に書き、視写させる指導が考えられます。何事もイメージできないことは取りかかれないからです。

そこで、必ず自分に置き換えて書かせます。ここでは当然、上手な子の「書き終わり」を暗記するのではありません。そこから先、です。実際の流れを見ていきましょう。

①「自分の日記の書き終わりを考えます」
②「日記帳の中から、書き終わりを格好よく変えたい、と思う日記を選びなさい」
③B5の紙「書き終わりカード」を配る。紙を縦にして、真ん中で縦に折り目を入れさせる。
④「選んだ日記の書き終わりを、そのまま紙の右半分に書きなさい」
⑤「紙の左の部分に書き直した『書き終わり』を書きなさい」
⑥「書けた人から先生のところまで持ってきなさい」
⑦短く個別評定。最初は少しでも変わっていればよしとする。
⑧評定した子からどんどん黒板に貼らせる。
⑨「では、右から順番に読んでいきます。読むときは、『前〜。後〜』というふうに言いなさい」と言って子どもたちにどんどん読ませる。
⑩全員読み終わってから、さらに考える余地を与える。「この書き終わり、こうしたらもっとよくなるというのがある人？　ここで教えてあげて！」

⑪児童発表。ノートに書かせてから発表してもよい。
⑫「友だちの書き終わりを聞いて、いいなあと思ったらノートに書いておきなさい」
⑬「自分の書き終わりが少しでも上手になったかな、と思う人は手を挙げてごらん」

授業は、「ここぞ」というところを子どもが考え出した、というふうにもっていけるに越したことはありません。授業をする教師はその直前まで誘導し、この辺でいいかな、というあたりで子どもたちを放つ。結論を自分たちで見つけた、自分たちでゴールにたどり着いた、という感じは子どもたちにとって快感です。

もちろん、いつも子どもから発見したように仕組む必要はありません。

しかし、**子どもたちの充足感を大きく満たすため、〝考える余地〟をうまく意識して授業を組みたい**ものです。

38 「言葉」にこだわる

「先生、言葉をメモしたいから自学ノートを返してください」

三年生の女の子に言われました。その子がメモしたいと言っているのは「心根」という言葉とその話。その日、私は子どもたちに「心根」の話をしました。

心根の優しい人に。心根のきれいな人に。

先の言葉は、その授業後のことです。

学級、授業、共に「言葉」をベースにつくっていきます。

言葉に貪欲な子を育みたいのです。

先のような子はすぐには表れません。一学期からコツコツと、言葉に対して教師が敏感であることが前提になってきます。

「今の聞いた？」

「新しい言葉が出たよね？」

と、どんどん子どもたちに問い返していくのです。

そうしているうちに、子どもたちの頭の中にも「言葉」回路ができあがっていきます。

「新しい言葉」が出てきたらビビッと反応する回路です。

「聞き慣れない言葉」が出てきたら辞書を引くという回路です。

言葉の使い方に違和感を感じたらすぐに立ち止まる回路です。

担任している三年生の子たちは、最近、私の板書をよく指摘します。

「先生、その〈自分は〉のところ、〈自分も〉のほうがいいんじゃないですか？」

他の子もそこに入ってきます。

「確かに……」

「いや、でも僕は先生の書き方のほうが……」

素敵な〈日常の〉光景です。

言葉にこだわる子たちが住んでいる教室は、学びの密度が濃くなるのです。

39 研究授業をする

授業準備

まず研究授業をするときです。授業を見てもらう、という設定が付いただけで授業者の意識は変わります。特に若いときは授業をして誰かに〝切って〟もらう（指導してもらう）経験が多いほどよいと思います。何もいつも大きな授業でなくてもいいのです。一人の先輩に見てもらうだけでも違います。

模擬授業もそうです。勉強会などで模擬授業をするのも、大きな教師修業です。

校内での研究授業事前検討会では、次のような点に気を付けます。

①授業でするように話してみる。
②授業でするように板書してみる。
③授業でするように動いてみる。

④子どもの反応を想像して疑似指名、疑似応答してみる。
⑤何通りか発問を考えて書き出し、そのうえで実際に言ってみる。
⑥時間を計ってみる。

さて、授業を計画するときは、「この力をつけたい」「このことを知らせたい」「この気づきを出させたい」という明確な柱を立てることからです。私がそうだったのですが、「活動ありき」に陥ってしまうことが結構あります。この方法を試したい、ということから授業をすることはあってもいいと思います。しかし、いつもそれではいけないでしょう。本来、この力を獲得させるためにどんな方法があるのだろう、という順番ですから。**「なぜこの方法をとったのですか」と聞かれたときに答えられるのが本来の姿**です。

授業本番

最初に、本番で大きな失敗をしないコツを書きます。それは**「本番直前までは準備に準備を重ねるけれども、いざ本番になったら、授業計画は意識から離す」**ということです。「暗記した展開」を再現しようとすればするほど授業者はかたくなり、余計にやるべきことを忘れてしまいます。潜在意識に落とし込むまで日頃から授業のことを考えてきて、最終的には離す。もうここからは真っ白にしよう、というイメージです。

そして、一番大事なのはその場の子どもたちとのやりとりです。

一番大事なのはその場で生まれた発言であり、その場で生まれた展開です。

子どもの動きを予想していたことに近づけていく、というのは本末転倒です。

プランは練る。練習もする。そのうえで、子どもたちと当日その場の空気で授業をつくっていく、ということです。

余談ですが、授業はビデオに撮っていないときほど上手くいきます（笑）。

ビデオに撮ると、頭の中に描いた理想の展開に流れをはめようと無意識のうちにしているのではと思います。つまり、ビデオに撮るということは、あらかじめこのような子どもたちのよい動きが見込めるのでは、という気持ちが働いています。それが教師の授業行為に微妙に影響するような気がするのです。

反対に、ビデオに撮っていないときは、その瞬間、目の前の子どもたちとのやりとり、お互いのテンションを共有しながらの高まりなので、お互いが熱を帯びてきます。撮ろうと思っていなかったので〝こういうのを撮りたい〟というものはありません。ですから、その場のテンションや子どもたちのノリ、反応に合わせて柔軟な対応ができているのだと思います。結果として、撮っていなかったときに限って生き生きとした授業になる……。そうはいっても、授業はビデオで撮り続けるのですが（笑）。

ただ、「柔軟な対応」をするために、授業準備や児童の発言予測が必要であることもまた実感しています。

飛び込み授業をしてみる

年間複数回は飛び込み授業をさせてもらっています。飛び込み授業は他流試合。教師修業にならないはずはありません。

一度、現場から大学院へ行かせてもらったときに、時間があったので、複数の学校で飛び込み授業をさせてもらったことがあります。

極端な例は、午前中の四時間すべて違う学級で飛び込み授業。同学年四クラス、すべて違う教材で「書くこと」の授業をさせてもらいました。本当にありがたい経験です。

飛び込み授業は、そのとき、授業をしながら並行して速攻で学級経営をする場です。まさに教師の対応力、子どもへの見取り力、大らかさなどが必要になってくる場です。

他校でなくとも、同じ学年の別のクラスに飛び込み授業をするだけでも違います。

先日は、学年の先生のクラスの国語を見ていたら楽しくなってきて、つい目で合図をして飛び込み授業をさせてもらいました（笑）。

そのときはうまく二人でＴ１、Ｔ２の役割に分かれ、いつしか私が授業を進め、そのクラスの担任の先生が板書をする、という流れになり、授業もとても盛り上がりました。この先生のように、子どもたちにとってどうか、という発想があれば、授業に楽しいイレギュラーも生じます。

「また、ぜひやって！」と喜んでいただきました。

私も楽しく授業ができ、担任しているクラスでの授業とはまた違う勉強ができました。

飛び込み授業も、自分の視野を大きく広げてくれる貴重な教師修業です。

40 研究授業を見る

時系列に記録していく

研究授業記録ノートの付け方一例です。

様々な方法があると思いますが、私なりの方法を紹介します。

研究授業参観ノートは「気づき」を得ることが目的です。「自分ならどうするか」「これは面白い考え方だなあ」「このクラスの子どもたちは自分たちだけで話し合いを進めていける〝言葉〟をもっているなあ」など、次々と新しい、自分にとっての刺激となる「気づき」を生み出していくための行為です。

書くときは時系列で書いています。

何でも自分の琴線に触れたものはどんどん書き込んでいく。

後からそのときの授業の流れがわかるように、そして、発問や作業の関連が思い出せるように時系列で書いています。

次ページに、実際のノートを載せました。
教師（T）、子ども（C）、自分（My）とノートを三つに分けて書き分けています。
書くときは、次の三種類のペンがあればベストです。

①黒ボールペン
②赤ボールペン
③太い赤インクペン

①がベース。そのまま書いていくときに。
②は大事なところや、自分への大事さのバロメーターに。
③は平ペン。目立たせておいて、事後研で意見を言う部分がすぐにわかるように。
私はこの三種類のペンを使って授業を見ています。

授業外で気づいたことなどを欄外に書いておく。ここでは教室の掲示について書いている。

事後研究会などで言おうと思うことや、学びのメインと判断したところは、赤色の平型ペンで囲んで目立たせる。発言する順番に番号を付けることもある。

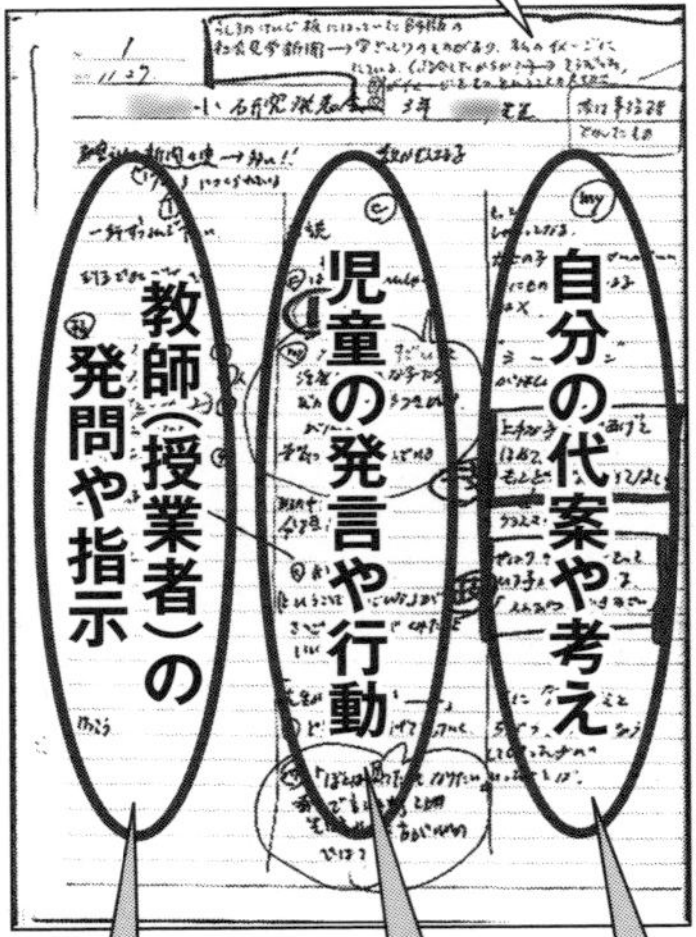

この自分の考えの欄が大切。授業参観を後の自分の授業に生かすためにも必ず代案を考えながら授業を見る。

児童の発言をそのまま書いたり、児童の行為をそのまま書く。

教師の発問や作業指示などをそのまま書く。

教師の発言、児童の発言だけを抽出してみる

時系列で研究授業を参観したら、そこから「教師の発言すべて」とか「児童の光る発言」など、注目したい部分だけ抽出する方法が有効です。

次は、私の参観した授業から、児童の「光る発言」だけを抽出した記録です。

1　では少し紹介します
2　これこそが
3　基本的なことですが……
4　相手意識があっていいなあと……
5　花言葉と気持ちが共通している
6　寄りそって
7　人としてよくないと思います
8　共通点は……
9　特長を言います
10　対象に対して
11　筆者
12　視点
13　説明文は筆者の視点で書かれている
14　説明文は視点が変わらない
15　問題定義に対して問いが書いてある
16　場面ごとに
17　物語文は名シーンがある
18　中心人物と対人物
19　～に関連した意見ですが……

20 感情をむきだしにして楽しめるのが物語文　21 納得してもらう
22 共感しながら楽しむ　23 情景描写がある
24 〇ページを見てください　25 ～と書いてありますね

児童の発言を眺めると、その教室の先生が日頃どのようなことを指導しているかをうかがい知ることができます。

研究授業を見るときは、すばらしくお手本になるような授業もためになりますが、いろいろとツッコミを入れたくなるような授業も自分にとってためになります。自分もそのような授業をしているかもしれないし、いずれにせよそこには子どもを通した学びがあるからです。子どもたちがいろいろと教えてくれるからです。だから、授業を見るときは常にワクワクします。何をもらえるか。何に気づけるか。どんな子たちに出会えるか……。

研究授業を見るときは多くの気づきを得て、元を取りましょう。

41 発表して鍛えられる

研究会で発表することは、大きな教師修業です。

私は新任の頃から国語の「書くこと」の領域に興味があって、「書くこと」を学級経営の柱にしてきました。

毎年夏に大阪で、大きな国語の研究大会が開かれていました。私はその大会に毎年参加し、講演や分科会の発表を聞いていたのですが、あるとき、大会の主催者の先生から電話がありました。「発表してみませんか？」と声をかけていただいたのです。それは、アンケートがきっかけでした。参加者が最後に書いて提出するアンケートに、私は毎回ビッシリと感想を書いて提出して帰っていました。その内容を目に留めてくださり、「書くことの実践をされているようですが、一度大会で発表してみませんか？」とお誘いいただいたのです。

大きな修業になる場をいただいたことに感謝しました。そしてそれからは、毎年夏には大会当日に配られる冊子の原稿を書き、分科会で発表する、という、私の中の〈流れ〉のようなものができていきました。

発表する、ということがあると、意識して整理しながら実践することになります。

何となく過ぎていく毎日の授業行為がより明確になっていきます。

問題意識が高くなります。

実践発表するということが、日々の実践にもよい影響を与えます。

そして、実践を通して人との出会いもあります。同じような研究をしている人との出会い。先行して研究されている先輩から教えてもらう。同じ発表者同士のネットワークが生まれる。

機会があれば、積極的に発表することをおすすめします。

最後に、発表するときに心がけたいことです。

まず発表時間を守る。

発表するときは「子どもの事実」で勝負する。

子どもが書けるようになった。子どもが話せるようになった。子どもの読み取りが具体的になってきた。子どものノートがこう変わった。子どもの話し合い活動の質がこう変化した……。

発表はとにかく「子どもの事実」ありき。クラスの子どもたちの具体的な姿が見えてくるような資料、ないしは発表内容になるよう心がけましょう。

次に、自分の発表に対して意見をいただくことがあります。そのときは真摯に対応し、意見をメモして実践に生かします。ただし、メモするのは、事実に対する意見、代案、先行研究などの内容をお聞きしたとき。

「事実」を無視したその人の理念だけの意見は単なる〝難癖〟ですから、スルーします。

意見の中には、残念ながら最初から「反対するための反対意見」があったり、自分の枠組みに入らない・理解できないものを攻撃したり……といったものも存在します。そのような意見にメンタルを痛める必要はないのです。人間ですから、自分のために言ってくれているかどうかは、その人の話し方や様子でわかります。

研究会で発表する機会があれば、迷わずにさせてもらいましょう。そして、かけがえのない様々な学びに出会いましょう。

42 質疑応答で鍛えられる

書けなくていいんだ──忘れられない研究会

ある年参加した研究会の全国大会でとことん鍛えられたときのことです。「書くことに関する部会」で発表したときのこと。持ち時間は一〇分間。自分の「書くこと」指導の実践を発表します。後からいろいろ話し合いをするのですが、自由に話せるのは最初の一〇分間だけです。その中に自分の提案、実践を凝縮して話すのです。

それだけでも修業なのですが、このときは発表してからが本当の修業でした。それぞれの実践発表を終えた後の協議会（話し合い）が、「私」対「大勢」の図式になったのです。

まず私は、話し合いが「作文の内容検討に終始する」ということに疑問を持ちました。内容について話し合うのはおかしなことではないのですが、それのみに終始するきらいがありました。肝心な「どうやったら書けなかった子が書けたのか」ということにはなかなか踏み込まないのです。

例えば、「この児童の作文の中には友だちが出てきていない。これは問題がある」という具合です。そこにこだわり続ける。この場が「児童心理理解」「児童行動理解」のような場であるならばそれでもいいと思いますが、ここは作文部会です。

そもそも私が事例として出した作文は、「自己を見つめる学期末の振り返り作文」でした。目的が違うのです。三〇人の子どもがいれば、その子なりの背景が様々に存在します。「友だちが出てきていないからだめ」と一概に言ってしまってはいけないのです。そのような方は特に「技術」とか「マニュアル」という言葉に敏感に反応されます。しかし、そのような方に限って、「その子自身がやっと書き出せた」とか「楽しく書けた」というようなことは度外視している（触れられない？）場合が多いのです。「目の輝きが大切」などという〝崇高な言葉〟はいらないのです。

これからどのような指導をしていったらいいのか、と始まったはずの部会の中で、延々と精神論、作品批評がくり広げられました。端から見たら異常に映ったはずです。その代わり（?）、「書かせる」という言葉をつかう森川への批判が噴出しました。「どうしたら書けるようになるか」には触れてくれません。

話し合いもヒートアップしてきた頃、信じられない発言が飛び出しました。

「書けなくていいんだ」「書けなくてもいい。書こうと這い回る姿が美しいのだ」

毎年担任していて思うのですが、書けない子は何とか書きたくてもがいています。書けなくていい、と心の底から思っている子なんていないのです。「書けなくていい」なんて教師が言ってしまったら、誰が子どもたちに寄り添えるのでしょうか。その子は一生書くことの知的興奮を覚えることなしに生きていくかもしれません。

私は、その発言に、正直『またか』と思いました。そしてついに、そのことを繰り返す先生に直接聞きました。公の発言としてです。「書けなくて苦しんでいる子どもの前で〝書けなくていいんだよ〟と言えますか」。すると、その先生は小さな声でこう話されました。「おれは言える」……もはや意地ですね（笑）。

教師は、書けなくて苦しんでいる子どもたちに対して、「大丈夫や。先生が必ず書けるようにしてみせるからな」と言える存在でなくてはならないのです。

さて、長くなりましたが一連のこのような〝やりとり〟が自分を鍛えます。その場ではもう逃げ出したくなるほどつらいのですが、脳はフル回転しています。

意見を言う ↓ 反対意見や質問が出る ↓ それを聞きながら応えるために必死にノートにメモする ↓ メモを元に再発言（反対）する ↓ 次の意見を考える

という行為が、会の進行中ひたすら繰り返されるのです。鍛えられないわけがありません。随分打たれ強くなりました（笑）。

ノート41ページ

さて、何とこの**研修の間に私が書いたノートのページ数は41ページ**。A5サイズのノートを41ページ使ったのです。「気づき」の山。書いている〝そのとき〟に鍛えられているのです。

三日間の膨大な学びは、私の教師人生の節目の一つとなりました。

43 有意義な研究協議会を

研究協議会は、今見た授業について、参加者が意見を出し合い、今日の授業が子どもたちにとって有効であったのかそうでなかったのかを検討し合う場です。

子どもたちにとってどうか

私が三年目のときにした「音読で振り返る国語授業」の研究授業の事後研のことを述べます。そのときは、担任していた六年生の一年間の学習材を様々な音読で振り返っていく、という授業を提案しました。私のつたない授業にもかかわらず、六年生の子どもたちは全員一心不乱に学びに合った音読をしてくれました。心がけたのは「リズムよく、テンポよく」ということでした。そして、六年生でも臆することなく声を出せる、堂々と声を出して音読する指導について提案したいということもありました。

協議会では、子どもたちが元気よく声を出していたことに触れての意見を多くいただきました。よく、高学年になったら声を出さない、とか発表しなくなると言われることがありますが、それは違うと私は思います。そのようにさせているのは教師。一年生でも六年生でも関係なく、声を出す教室はやはり声を出すのです。

少し話がそれましたが、協議会で次のように発言された先生がおられました。

「子どもたちは確かに飽きずに元気に音読しているけれど、このような早いテンポの指導は私には真似できない」。

私たちは、「教師にとってどうか」ではなく、「子どもにとってどうか」という視点を絶対に忘れてはなりません。「私にはできない」という発想ではなく、「子どもにとって〜」という発想で発言されるべきだと思うのです。

協議会では、ともすれば「教師にとってのセオリー」や「これまでされていないから……」や「普通は……」といったことが強く出てくることがあります。あくまでも第一義は**「今、そのクラスの子どもたちにとってどうか」**であるはずです。

話のほとんどを指導案のことに費やすのはＮＧ

よく事後研究会で、延々指導案について話をされる方がいますがそれはどうでしょうか。

せっかく目の前で授業が提案されたのにもったいないなあ、と思います。「指導案にはこうある。それが授業ではどのように……」という発想ならわかります。しかし、指導案の中の「言葉狩り」や「指導案の書き方」の議論に時間を費やすのは意味がありません。メインは今まさに行われた授業です。指導案の書き方ももちろん大切なことですが、それに終始してしまうのは避けたいものです。

まったく代案を示さない会はNG

授業の内容に対して別の授業行為で代案を示せるような方に授業を見ていただいたときは幸せです。同じように自分も参加者として、年数、経験にかかわらず「自分ならどうするか」ということを常に意識して授業を見て、事後研でも代案を発言するよう意識しましょう。意見や感想を言うことは誰にでもできます。それを言いっ放しにするのではなくて、**「自分ならこうする」という考えを入れて話す**。そうすれば話すということに責任も生じてきます。

協議会は、見せてもらった授業を次に生かすことができるような、前向きな、生産性のある有意義な会にしたいものです。

44 質問・意見は絞り込む

研究授業後の研究協議会でやらかしてしまうことがあります。

それは一人でいくつもの質問をしてしまうことです。

質問や意見は基本的に一つです。

他になかなか意見が出ない場合は、少しくらい多めにしゃべってもよいですが、短く端的に述べる場合も、三つが限度ではないでしょうか。

協議会の終盤に質問して、「四つあるんですけど……」と言って延々と話すのは、見通しが立っていないと言わざるを得ません。他にも発言者が出そうなときに一人でだらだらと話をするのは、明らかにマナー違反です。

こういうところでの所作は、必ず自分の教室で出ます。授業時間のマネジメントができていないと想像できます。教師が延々としゃべってしまっているかもしれません。

教室での授業も、研究協議会も同じことなのです。

45 圧倒的なものを見る

初めて県外出張に出て、研究先進校の授業を見たときの衝撃は忘れられません。
子どもって、こんなにしゃべるのか、と思いました。
子どもって、こんなに考えるのか、と思いました。
やはり圧倒的なものを見る、ということは世界を広げてくれます。
圧倒的な話し合い指導を見るのです。
圧倒的な子どもの絵画を見るのです。
圧倒的な子どもの読みを聞くのです。
圧倒的な子どもの追求を目の当たりにするのです。
その後、どうするか。
猛烈に書くのです。気づきを。
子どもたちの姿のこと。

授業の進行のこと。

代案。

様々に感じたことをバババババッと書いていくのです。

悔しい思いをし、俺もやってやるぞ、と思う。

駆け出しの頃はこの繰り返しです。

圧倒的なものを目に焼き付ける。

それが具体的なイメージとなって目標にできる。

焦るけれど、何だかワクワクするこの気持ち。

これを書いていて、私自身のことを思い出し、懐かしくなりました。

研究会からホテルへ帰る途中の池袋のラーメン屋で、いろいろと思いを巡らせながら一人、自分の教師としての未来像を思い浮かべていました。

よし、また明日から頑張ろう。

圧倒的な事実をつくり出せるように。

46

「きれいな言葉」に逃げない

「個性」に逃げてはいけません。
「努力」に逃げてはいけません。
「心」に逃げてはいけません。

これらの言葉は、一瞬で周りを黙らせてしまう力を持っています。
これらは素敵な言葉です。言葉そのものの響きもよい。
しかし、「きれいな言葉」に逃げてはいけません。
子どもが話せないことを「個性」にしていないでしょうか。
子どもの声が小さいことを「おだやかさ」と呼んでいないでしょうか。
子どもが読めないことを「這い回っている姿」と解釈していないでしょうか。
苦しいですが、「話せない子」「書けない子」「声が小さい子」に悩むべきです。

教師自身がそこで悩まずして、どこで悩むのかということです。私もいつも悩んでいます。

「個性」に逃げる教師は、子どもの前でふんぞり返っているのと同じなのです。

子どもを受容するということは、「何でもあり」ということではありません。

しっとりとした授業とは、「つぶやくように授業が展開する」ことではありません。

教師がおだやかである、とは「それもあるね」ということではないのです。

「受容」「しっとり」「おだやか」……これらの言葉も、一見聞こえはいいですが、努力や試行錯誤、汗、鍛錬をなくしてしまう……のであれば、使うべきではないのです。

これら、**「きれいな言葉」は、後からついてくるもの**です。

人に言われるものなのです。

自分で言うものではありません。

47 「負け」を「勝ち（価値）」に

例えば、研究授業で失敗をした。「ああ～、負けた～」と思うときがありますよね。教師の仕事に限ったことではありませんが、「負け」をそのまま負けにしてしまってはもったいない。

負けのままにしないためには、「敗因」を必ず突き止めておくことです。研究授業ならば、きちんと「ここを検証したい」ということを持って臨むべきです。いわゆる「単元目標」や「本時の目標」に当たる部分ですね。

単元全体としてこういう展開を試したい。本時の中でこの活動をさせてみたい。しかし、結果、子どもが動かなかった。思考しなかった。混乱した。

これならば、敗因ははっきりしています。

漫然と授業に臨んで敗北、これは避けましょう。

「敗因」をはっきりさせたら、「負け」は「勝ち（価値）」となるのです。

48 メモを書くまで

メモを書くことが大切なのは他の著書でもさんざん述べていますが、ここでは書くまでの話をしましょう。

メモはその場で瞬間冷凍できるかがすべて。なぜなら我々はすぐに忘れるからです。

そこで、**準備するのは、書きたいときにすぐに書けるという環境**です。

現在、私が胸ポケットに入るメモとして重宝しているのは通称（といっても私がそう呼んでいるだけですが）「晴明メモ」！

京都にある安倍晴明縁の神社「晴明神社」の売店に売っていたメモ帳。これが胸ポケットにジャストサイズなのです。

鞄に入れているメモ帳は、変わらず無印良品の「薄型メモ」というものを継続して使っていますが、胸ポケットにいつもしのばせているのは「晴明メモ」。

パワーももらえる気がします（笑）。

とは言っても、種類は何でも構いません。

いつでも書ける場所（男性なら胸ポケット・内ポケット）にメモを備え、そして筆記具をさしておく。

そしてアイデアが浮かんだり、よい言葉を聞いたりしたら、瞬間的にメモを出して書く。

反射的にメモしているイメージです。

「書きたいときにすぐ書ける」環境に自分を置くだけで、その人の成功への歯車は動き出すのです。

ただそれだけ

「私、メモします！」
って言いながらメモしない人は、メモ帳も買いません。
ただそれだけ。
人が伸びていく、とはシンプルなことなのです。
その場で、すぐにやる。
ただそれだけ。

49

Chapter1　習慣にしたい子どもとクラスを変える話す・聞くための視点

Chapter2　習慣にしたい指導力を高めるための視点

Chapter3　習慣にしたい授業力を高めるための視点

Chapter4

習慣にしたい幸せに働くための視点

50 「表情」は口ほどにものを言う

月並みなようですが、やはりにこやかに。

いつもいつもニコニコしていたいものです。

子どもたちは、朝一番に教師が入ってくるときの表情をよく見ています。そのときに、「ああ、今日の先生は機嫌が悪そうだ」などと子どもたちに気を遣わせていたら、それは悲しいことです。

子どもたちは、驚くほど先生の表情を見ています。

目は口ほどにものを言う、と言いますが、表情の与える印象、オーラはとても大きく、学級経営の重要な要素です。

常ににこやかな表情でいましょう。

それを基本スタンスとして、時と場合によって先生は表情で語ることが大切です。

教室が和やかになる、笑いで包まれるには「顔」を使うことです。

例えば、先生が話しているときにガサガサと落ち着きのない児童がいます。その子に向かって、「ちゃんとしなさい」と言う前に、その子のほうを向いて大げさなしかめっ面をします。

その子は気づいていませんが、周りの子がクスクス笑い出します。

その子が気づいたらクラスは笑いに包まれ、先生は小言を言うことなしにまた話に戻ることができます。

「表情」、それは実は大きな教師の武器となり得るのです。

51 合言葉はAST

ＡＳＴ（アスト）。子どもたちとの合い言葉です。

Ａ：明るく
Ｓ：サッパリと
Ｔ：楽しむ

その年によって合い言葉は変わることもあります。

一番伝えたいことを「合い言葉」として覚えやすくして伝えます。

小さなトラブルが続き、もっと友だちとサッパリと付き合ってほしい、と思えば、先のＡＳＴ。

もっと情熱を持って何事も積極的に参加してほしい、ならＮＧＩ！

え？　何かって？

N：何でも
G：がつんと！
I：行こう！

です（笑）。

きれいなスローガンはいりません。子どもたちと一緒にクラスの現状に合わせて考え、設定し、また次の合い言葉を考える。

きれいな言葉だけの合い言葉は、子どもたちの中に切実感となって残りませんし、同時に覚えやすくなければ意識し続けられません。

頭文字をうまく組み合わせて覚えるなどで、いつでも〈取り出せる〉ようにします。

そして、このような合い言葉の設定はどこかユーモラスです。

子どもたちと楽しみながら、いつでも取り出せて意識できる合い言葉を設定してクラスを向上させていきましょう。

52

〝意外に知っている〟という立ち位置

〝意外に知っている〟と子どもが担任の先生に感じるとき、子どもと先生の距離は一気に縮まります。

★やんちゃ君たちが朝、昨日の野球の話をしている

「そうだよな、もう一人あそこにリリーフの○○選手をはさんだら負けていなかったかもな」と会話にさり気なく入るセンセイ……。子どもたち、「え？　センセイ、昨日の試合観てたん？」　**ズキュ～ン☆**

★女の子たちがディズニーの話をしている

教　師「ミニオンってミニオン語話すけれど、日本語も話しているの知ってる？」

子ども「え？　何て話しているんですか？」

教　師「Kampai カンパイって話しているそうだよ」　**ズキュ～ン☆**

★子どもたちがクワガタの話をしている

子ども「先生はどのクワガタが好きですか？」
教　師「先生はやっぱり外国系でいうとヨーロッパミヤマかな」
子ども「うわぁ、森先《もりせん》知ってるんや」
教　師「おいおい、誰に言ってるねん。まあでも本当に好きなのは沖縄の離島にいるヤエヤママルバネクワガタやで。あれは捕まえるのも至難の業の幻のクワガタやからな」

ズギュギュ〜ン!!☆

「ズキュ〜ン」がいちいちうるさいですね（笑）。わかっていただけたでしょうか。自分のセンセイが自分たちの興味のあることを意外に知っていたら、子どもたちにとっては結構嬉しいですよね。

私たちはプロの教師です。授業の腕をあげることに邁進しながら、一方で子どもとのやりとりの場でしか学べない大切なコミュニケーション能力を磨いていかなければなりません。その中に、「子どもの文化リサーチ」も入れておきたいものです。

〝意外に知っているツッコミ〟で、子どもたちを驚かせましょう。

53 プロ意識

私の勤務している学校は宝塚大劇場の近くにあります。ここだけの話（？）ですが、私は宝塚歌劇の大ファン。何度も劇場に足を運んでいます。その大劇場の近くに勤めることになるなんて縁《えにし》を勝手に感じています（笑）。

さてこの状況、普通に学校の近くのコンビニに買い物に行っても、そこにタカラジェンヌ（宝塚歌劇の劇団員をそう呼びます）の方が買い物に来ている場合があります。格好でそれとわかります。

この間も、私が昼ご飯を買っていると、明らかにタカラジェンヌの方が同じように買い物をしていました。

ここからです。

私の目の前で、その人は信号無視をして横断歩道を渡っていくではありませんか。

私はここで道徳の話をしたいのではありません。プロ意識の話です。

「どこでファンが見てくれているかもわからない。常に凛として、タカラジェンヌを演じていよう」

そう考えていれば、信号無視なんて絶対にできないはずです。

だって夢を壊しますから。宝塚は夢の世界なのです。

現に私のようにさりげなく（笑）、宝塚ファンが歩いていることだってあるのです。

『夢の住人が信号無視って！』と私は思わず心の中で突っ込んでしまいました。

翻って、私たち教師はどうでしょうか。

その光景を見て、私は自分のことを改めて考えました。私たち教師も同じ。子どもたちの視界に入るところでは「教師」でなくてはならないのです。

もちろん町を歩いているときも、どこで子どもが見ているかもわかりません。

信号無視をしている担任の先生をクラスの子どもが見たら……ぞっとしますね。

私たち教師は、根がまじめでなければならないと思います。

本当は子どもが見ていようが見ていまいが同じです。

それは、ただマナーや正義感だけの話ではありません。

やはりプロ意識の問題です。

「そんなこと考えていたら息が詰まるわ」「教師だって人間なんだから」……こういうことを声高に言う人は、そもそも教師に向いていません。

常に子どもたちが見ている、と思って〝教師〟をしましょう。

まずは常に笑顔でいるのです。

朝、教室に行くときは、教室周辺にいる子ども、つまり最初に自分の顔が見える場所も計算して笑顔で歩くのです。

専科の先生が授業をしてくださっているところへ入っていくときも笑顔です。教室に入ってきたときの担任の顔を、絶対に子どもは見ています。

まずは「笑顔」からプロ意識を始めましょう。

54 「気分屋」は閉店

機嫌が悪いと目も合わせない、という態度をとる人がいます。

逆に機嫌のいいときは気持ち悪いくらい愛想がいい。

こういう人を「気分屋」といいます（笑）。

こういう人は本来教師になるべきではありません。

閉店してほしいものです。

こういう人を見たら、まずは近づかないことです。

そして、こういう人にいちいちダメージを与えられることはありません。

さらに大切なのは、こういう態度を子どもにしてしまっていないか、と自身を省みることです。

子どもにこのような態度をとる人もいます。しかし、それでは教師失格です。

自分の気分を相手に押しつけてはいけません。

気分屋の人は、正確な判断もできなくなります。

それに周りの人も寄りつかなくなる。信頼されません。

周りの人間は気分屋にペコペコします。機嫌が悪くなったら厄介だからです。

それでますます増長してしまう。

気づいていないのは本人だけです。哀れな話です。

近づかず、自分が子どもにそういう態度をしないように、常に反面教師としてその人を眺めていましょう。

55 あなたにしかできないことをやる

以前、私は著書の中で、「先生らしい」ではなく、「○○先生らしい」と言われたい、と書きました（『できる先生が実はやっている学級づくり77の習慣』）。

あなたにしかできないことは何ですか。

今すぐには答えられないかもしれません。

しかし、五年後、同じ質問をされたら？

一〇年後、同じ質問をされたら？

そこであなたが即答できるかです。

「はい、子どもたちに書かせるならまかせてください！」

「はい、子どもたちに話させるならいろいろと手段を説明できます」

「はい、水泳指導なら経験値を積み重ねてきました」

「はい、絵を描かせるならいくつかのバリエーションで描かせてみせますよ」

仕事に代わりはいくらでもいます。

「あなたの代わりはいない」と言われるような分野を持つことです。

そしてそれをトコトン磨く。

最初の一〇年はそこに徹底的に力を注ぐ。

「ちょっとついていけないね」と言われるくらいにです。

私はそれが「書くこと」でした。

「書くこと」の世界にどっぷりはまり、今もはまり続けています。

しかしそれは今、「話す・聞く」につながり、「読む」につながっています。

あなたの代わりはいない、と言われるくらい特定の分野で走り続けましょう。

そうすれば子どもに対しても自信を持って対峙できるようになります。

俺についてこい、と。

あなたしかできないというその部分が「軸」となり、あなたの中で強力な柱となります。

さあ、特化する準備はできましたか?

56 大勢と対極に立つ

自分の目指す峰が高ければ高いほど、孤高に生きなければなりません。
群れてはいけないのです。
常に大勢の反対側に立っているイメージでしょうか。
それは、常に皆に反対する立場に立つというのではありません。
群れた瞬間に、個人の価値は〈その他大勢〉の価値に下がります。
群れると必ずそこには噂、悪口が発生します。
得てして噂、悪口はされる側がヒーローです。
する側は陰湿で、陰険な名前もないその他大勢役です。
教育の世界でも同じです。
何か新しい提案をすると、叩かれることがあります。
しかし、それはチャンス。

あなたがオリジナリティある人物だと周りが思い始めたということです。

何か得体の知れないものに、人間は恐怖を抱きます。

あなたの提案が新しくて恐れているのです。

私自身のことを言うと、まだ駆け出しのときに「書かせる」という言葉をつかい、「作文レシピ」という呼び名で「書くこと指導」を提案しましたが、ネチネチいろいろと言ってくる人がいました。「書けなくていい」とまで言って私に反対する人もいたのです。

しかし今、それはまったくなくなりました。

「書けなくていい」なんて誰も言わなくなりました。


大勢とは対極に立ち、子どもの事実で勝負する。

このことを愚直に続けていく。

そうすれば、あなたにしかできないことが増えていきます。

あなたしかいない、という立場に立てます。

「代わりのいない先生」「オリジナルな先生」になりたいですね。

後から考える

57

考えると行動が遅れます。

だから、感情が働いてしまう前に行動してしまうのです。

買おうか迷っているなら買う。

落ち込むことがあったら、くよくよする暇がないくらい動く。

「やる意味は?」「どうしてそうするの?」ばかり言っている人がいますが、四の五の言わずにやるのです。

考え込んでいる時間がもったいない。

後から考えるくらいでちょうどいいのです。

58 時間こそ宝

会議は終わりの時間を決めて開催します。

一人ひとりが様々な仕事を抱えています。

プライベートの時間も大切にしたい。

それらを叶えるには、「時間」に対する意識を変えることです。

今やすっかり世間のスタンダードとなりつつある感覚に、「残業は恥」というものがあります。残って仕事をしていることは、もはや美徳ではないのです。

しかし、会議などをデッドラインを決めずに始めてしまうと、会議は果てしなく長くなります。

会議は、観光バスと同じです。

誰かが遅れれば、当然参加している全員が巻き込まれて遅れるのです。

会議の時間は長くても一時間から一時間半だと私は思っています。

議題が多いときは二回に分ける。文書を読んでおけばよいものはそうしてもらい、発表はしない。提案はいちいちすべて読み上げない。

などなど、いくらでも時間を短縮する方法はあるはずです。

何よりもまず一番大切なのは、**「長々と会議をしない」という意識を皆が持つこと**です。

会議終盤になって、思い出したかのように「そうそう。あの件だけど……」とやってはいけないのです。会議終盤になって、担当者に個人的に聞けばすむようなことを場に出してはいけないのです。

それは「時間」に対する意識がないのと同じです。

多くの人の時間を奪っているのだ、という意識がないのです。

「時間」こそ目には見えないですが、有限で、大変貴重なものであるということを意識しましょう。

時間こそ「宝」なのです。

59 すぐに戻らない

自分の仕事をする時間は、意識的に確保していかなければなりません。

時間の確保に大きな力を発揮するのが、子どもたちが下校した後に、すぐに職員室に戻らないこと。

自分の教室で、そのまま仕事をするのです。

職員室に降りてしまうと、必ず何か別の負荷がかかってきます。

同僚の先生と話してしまうかもしれません。

お茶を飲みながら時間を潰してしまうかもしれません。

思わぬ仕事を頼まれるかもしれません。

もちろんそれでいい場合はいいのです。おしゃべりをする、お茶を飲むことがわかっていてリラックスしにいくならOKです。

そうではなく、いろいろな仕事をしてしまわなければならない場合は別。

なかなか職員室に戻らずに教室で仕事をするのは、とても有意義です。

もし誰かがあなたにどうしても用があるときは、校内放送なり、校内電話なりで呼ばれますから（笑）。

だから、それまでは教室で仕事をする。

子どもたちを帰してからの一時間、ここが仕事量の大きな差となってくるのです。

60 「失敗」はポジティブにとらえる

研究授業でも日常の授業でも、そううまくいくことばかりではありません。

そんなときは、こう考えてみましょう。

うまくいったことはその場で喜んで終わりです。

しかし、うまくいかなかったときは悩みますし、こうしておけばよかったと後悔するし、自分を責めます。だから、記憶に残るのです。

記憶に残らせるために失敗したのです。

必要な失敗だったのです。

ポジティブにとらえましょう。


子どもたちにとっても同じことです。

「せっかくの失敗（間違い）を逃がしてしまうなよ」

「失敗は二度と間違わないための成功へのアイテム」
と声をかけます。
ただ、失敗をいつまでも引きずっていることは時間のムダ。
メンタルによくありません。
それよりも早く失敗の元を取らないと。
この辺で失敗しておいてよかった。
このくらいでちょうどいいのです。

61 選択肢を持っている

サッカーの解説中の言葉でした。

ゴール前、キーパーの正面まで攻め込んだとき、ボールを持ったその選手は、シュートを選択せずに、斜め前方に走り込む味方の選手に意表を突くパスをしました。

シュートは決まらなかったのですが、そのときに解説者が話したのが、「あそこで、パスという選択肢を持っている、ということがすばらしいですよね」という言葉でした。

素敵な言葉だなあ、と思いました。

授業も私たちにとっては試合です。授業中はアドリブの連続。子どもたちが様々な反応をします。そのときに私たちはいくつ選択肢を持っているでしょうか。教室という場が煮詰まったときに、私たちはいくつの打開策を瞬時に繰り出せるでしょうか。いきなりシュートにいかないでしょうか。ここが難しいですよね。

瞬時に、ペアで対話させる。いや、ペアでの対話に〝逃げた〟のかもしれない……。

瞬時に、板書で説明し直すかもしれない。いや、それは回りくどいことでは……。

もちろん、それがそのときのベストな解なのかもしれない。いずれにしてもまずは、「選択肢を持っていること」。それも反射レベルで持っていること。

そのことは、**「習慣」にまで落とし込まれた授業技術をいくつ持っているか**、ということになってくるのです。それが私たち教師の選択肢。

だから、本を読む。

だから、セミナーや講演会に出かけていく。

だから、日々の授業記録を取って何度も自分の授業を意識する。

授業技術を、パスが来たその瞬間に発揮できるように意識し続け、選択肢を増やし続けましょう。


ちなみにこのパスを選択した選手は……。

私も何冊もその著書を読んでいて大ファンの、キングカズこと三浦知良選手です。

彼の長年の膨大な経験と、その時その時ピッチで意識して勝負して磨いてこられた選手としての勘がそうさせたのでしょうね。

62 〝見えないもの〟にもっと興奮せよ

私たち教師は、アイデアや言葉がけ、所作にもっと興奮しなければなりません。

そういう方法があったのか～。

そう言えば確かに子どもたち動くよな～。

研究授業などで実際の授業を見ることができるならば、指導案に載らないような「教師の言葉がけ」に注意して聞き、それをメモしていく。

所作で言えば、教師はこの時間、なぜそこに立っていたのか。教師が子どもの視界からあえて消えたな、などです。

所作は子どもに対しても同様です。

この子の姿勢がいい。

この子のさりげない思いやりが素敵。

今、椅子をスッと入れてから遊びに行ったな……。

という具合に子どもたちに対しても敏感であり、そしてそれをクラスに広めていくということが大切です。

こういった、目には見えないけれど、それが子どもたちに強烈にプラスに影響するような展開や言葉を集めていく、それが大きな教師修業です。

目に見えないものが手に入ったときは、小躍りして喜ぶのです。

63 多刺激空間に身を置く

多刺激空間とは映画館、美術館、大型書店、風光明媚な場所、○○記念館……あげればきりがないですが、自分の感性を様々な角度から刺激してくれる場所のことです。

こういう場所では、一気に自分の毛穴が開くような気がします。いろいろなことが思い浮かび、思いがけなく授業のネタがパッと思いつくこともあります。

何か確証があるわけではないのですが、こういうところに行くときには、プラスアルファの付加価値を得られそうでワクワクしてしまいます。

教育のこと、授業のことを考えるとき、机の上でうんうんと唸っていてもなかなかよいアイデアは浮かびません。そういうときは、多刺激な空間に出かけて刺激をもらいましょう。一見関係がないように思える分野から素敵なアイデアを思いついたり、驚きのネタが浮かんだりしたことは何度もあります。

64 カラフルペンでコメントを書く

子どもたちのノートや振り返りを見るときに使う筆記用具は、何も赤ペンに限ったことではありません。

私は、写真のようにずらっとカラーペンを並べて丸付けをすることがあります。

なぜって？　**気分がアガるから（笑）**。

仕事はまず自分が楽しくないといけません。自分だけのちょっとした気分転換を持っておいて損はありません。

膨大なノートへのコメントも、たまには趣向を変えてカラフルペンで行ってみることで気分は変わるものですよ。

ちなみにペンが所々抜けているのは、使い切った色を捨てていった結果です。

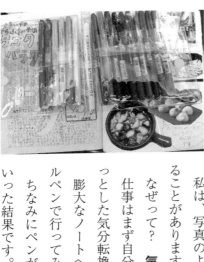

高架下で踊る

65

今でこそ、「南中ソーラン」は教育現場でたくさん踊られるようになりましたが、私が初めて南中ソーランを運動会で取り組もうと決めたときは、まだあまり先行実践がありませんでした。YouTubeで踊りを見ることもできませんでした。そんなときに、保育所に勤めている小学校以来の友人が南中ソーランを改造したものを踊った、という話を聞き、すぐさま弟子入りさせてもらうことにしました。

当時友人は独身一人暮らしでしたので、金曜日の勤務が終了してから友人の家に行きました。まずは音楽を聴きます。そして、友人の部屋でレクチャーを受けます。一緒に踊ります。夜中まで踊って、友人の部屋で死んだように眠り、気がつくと次の日の昼。「鍵はポストに入れて帰ってください」という置き手紙があり、私はボーッとした頭でゴソゴソと身支度をして目に眩しい太陽の光の中を駅へと歩くのでした。

別の日の夜、ある程度踊りを覚えたところで、友人が提案しました。

「では、外で踊ってみよか」

な、何？　外？

「それくらいせんと、身にならへんで」

し、仕方ない。ここまできたからにはやるしかない。ということで、駅の近くの高架下へ。まさかこんなところで自分が踊ることになるなんて、という感じです。

よくストリートダンスの練習をしているのを横目に電車に乗っていたことはあったのですが、まさか自分が「ストリートソーラン」（！）を踊ることになろうとは。

友人が小さなカセットレコーダーを取り出し、私の前に置きます。スイッチオン。もうやけくそで踊りました。夜遅くとはいえ、まだ電車のある時間。帰りがけのサラリーマンの人などが通りかかります。その人たちも夜中に「南中ソーラン」を踊っているところは見たことないでしょう（笑）。

次第に、「恥ずかしい」→「結構快感」（?!）……とまではいかなかったかもしれませんが、まんざらでもない感じになってきました（調子に乗ってきました）。すると、何やら人の視線が……（げっ！　警察やん）。

警官がじっとこちらを見ているではありませんか。音量も小さめですし、人家は近くにありません。しかし、この時間に職務質問されるのも教師としてどうか……いろいろなことが頭をよぎります。そこで、少し大きめの声で、「よし、これで運動会は大丈夫やな。子どもたちに教えることができるわ！」とこれみよがしに話し（笑）、自分は健全である、ということを最大限にアピールして事なきを得たのでした。

これでソーランを完璧にマスターしたのは言うまでもありません。今でもこのときの体験はしっかりと頭の中に残っています。

「ここまでやったのだから」と言えるまで自分を持っていく。とても大切なことだと思います。子どもたちの前で指導するときも自信を持ってできました。それに、このときのエピソードも話せました。「先生も頑張ってるんだ。みんなも頑張れよ！」と。このとき行った三、四年生合同での「南中ソーラン」は大成功し、それから勤務校では中学年での「南中ソーラン」が伝統のようになりました。二年目からは「ソーランが楽しみで来ました！」とか、「パーマをあててもらっていた途中で（！）、店の人とソーラン見ないと、と駆けつけました」というエピソードをいただくなど、大きな期待と、注目を浴びるようになったのです。

その後、友人も私も踊るのが好きだったので、ついでに小学校で踊れる楽しいダンスの

振り付けを二人で考えたりしました。カラオケボックスに練習場所を移して修業したこともあります。カラオケボックスで男二人が踊っている姿はなかなかのものです（笑）。しかし、楽しくてたまらない時間でした。

このような、**何かに打ち込むときはとことんやる。それは自分を納得させることにつながります。**そしてそれは、子どもたちに対する態度や言動になって表れます。

楽しみながら熱中して授業をつくっていきましょう。一生の宝物になります。

写真は、ソーラン用の手づくり半纏《はんてん》です。

趣味を授業に生かす

66

私の趣味の中には、「昆虫採集」があります。虫好きが高じて、昆虫館の標本作製のバイトや以前は市の昆虫採集講座や標本作製講座の担当をしていたほどです。

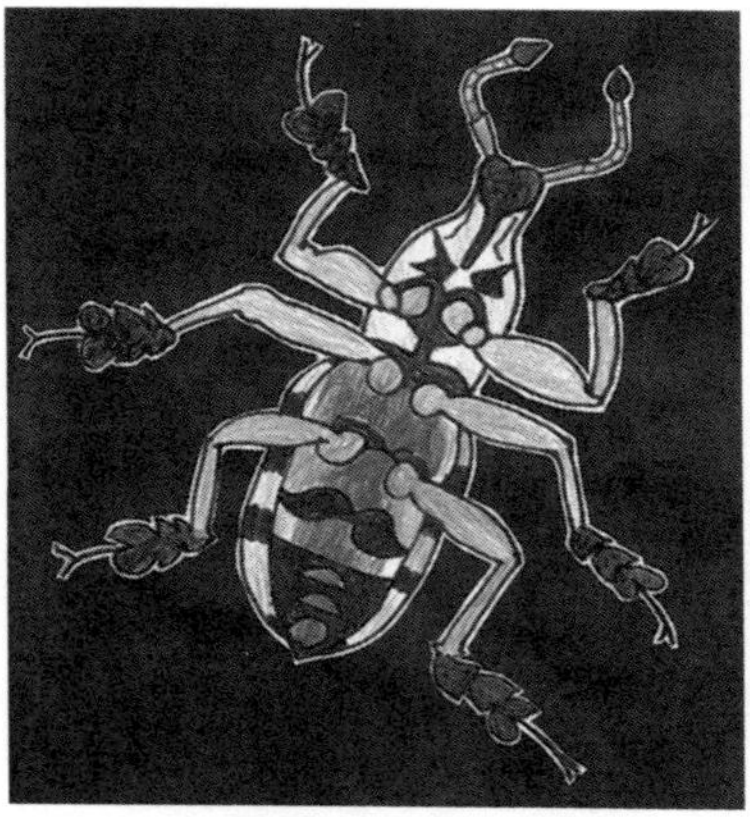

実は、有名人にもこの趣味をもつ人は多いのです。養老孟司さん、奥本大三郎さん、手塚治虫さんなど、様々な分野で昆虫に魅せられた人は多いです。

また、香川照之さんの番組、ＮＨＫ・Ｅテレの『香川照之の昆虫すごいぜ』は最高です。観ていない人はこの項を読み終わったら見てください（笑）。

さて、私は小さい頃に父がキャンプでつかまえてきてくれたミヤマクワガタを見て、触って感動して以来、昆虫の世界の素晴らしさ、奥の深さに魅せられました。

　今でも昆虫採集の旅に出かけることがあります。

　子どもたちにとっても、昆虫は最良の遊び相手となってくれます。そこで、せっかく趣味で昆虫を相手にしているのだからと教室に持ち込むことにしました。それは大正解でした。子どもたちはやはり昆虫が大好きでした。

　生きた昆虫を教室に持ち込んだこともあります。ハナムグリやカナブンなどです。面白かったのは、最初は怖がっている女の子のほうがだんだんと慣れて、腕にとまらせたり「家に持って帰ってもいい？」と言い出すのです。
　授業では、昆虫の標本を使うことにしました。標本を使って、手塚治虫さんも描いた「昆虫画」を描くのです。子どもたちにとっていろいろな本物の昆虫を目の前にして絵を描けるというのはなかなかな

い機会です。昆虫の標本を一人一匹配り、絵を描かせました。目の前で本物の昆虫をじっくりと見ながら描けるのです。さすがにどの子も熱心に、よく観察して描きました。理科と図工の学習場面が一度に展開されました。

さらに、その絵をパソコンに取り込み、Tシャツにプリントしました。子どもたち全員の昆虫精密画のオリジナルTシャツが完成したのです。そのTシャツは「兵庫県立人と自然の博物館」に展示していただくことができました。子どもたちにとっても私にとってもよい思い出となりました。

67 コンビ勉強法で取り組む

ノーマル編

楽しくて、さらに効率のよい勉強法を提案します。それは「コンビ勉強法」です。

これは仲間がいるからこそできる方法です。また、長期的に取り組む課題に対し有効な方法です。

まず、勉強したい（授業をつくりたい）事柄を決めます。自主的に、必要に応じてなどいろいろだと思います。そして、二人組になります。気心の知れた教師修業仲間に声をかけてください。まずは、そのテーマに対してとにかくそれぞれで調べます。その後、その成果を持ち寄る。一気に情報量が二倍になります。小さな職場でも気の合う人がいたらその人と一緒に勉強することができる。やり方によって効率の上がる勉強法です。

外出編

次は、教材研究、素材集めなどに向いているコンビ勉強法です。夏期休業などにおすすめです。

社会科の歴史学習などで実物や現地の写真などを織り交ぜながら学習を進めていくことは、子どもたちの興味を引いて主体的な学びを誘います。また、教師自身が歴史の舞台に足を運ぶことで、授業もより深いものになります。集めた素材のうち、授業に使えるのは一〇分の一くらいになりますが、その分「たくさん集め、そぎ落とす行為」が必要となります。

「たくさん集める」に適したのが、ここで紹介する方法です。

①二人で京都など自分たちの調べたい地へ赴きます。

②到着したらバラバラでも一緒でもどちらでもいいですが、敷地内を歩き回り、気がついたことを箇条書きにしていきます。

③次に、お互いに「この○○はどうしてこうだと思う?」などと聞き合います。そこで、お互いの情報交換をするわけです。「え、そんなことも調べてたの?」「それどこに書いてあったの?」となり、学びの観点を補完し合えます。

④帰ってから、または帰りがけにお互いの「箇条書き」をコピーし、交換。
この流れで何カ所か名所旧跡をまわります。その日の学びは随分と大きなものになります。

コンビでなくとも、もちろん大勢でも行えます。私が主催している「教師塾あまから」にて大人の社会見学としてその地に強い人を講師に、街を散策することをたまに行っています。夏期休業、冬季休業など、少し時間にゆとりのあるときに楽しく学びを量産しましょう。

子どもたちの学習にも

この「コンビ勉強法」は、当然子どもたちにも有効です。社会見学、町中調査、博物館、資料館など、調べ学習の際にコンビを組ませます。二人で学びを収集してくるのです。二人いれば、何かしら学びの形跡は残ります。お互い補完し合えるからです。さらに意欲の高い子同士が組めば、学びは倍加します。

学びは様々な形態で、そのとき一番有効なものを選択して取り組ませたいものです。「コンビ勉強法」は、様々な場面で有効活用できると思います。

68 教材探しの旅に出る

目に付いた絵ハガキ、パンフレットはゲットする

旅は自分を大きくしてくれます。人との出会い、場所との出会い、美味しい食べ物との出会い、そして、教材との出会い。教師にとって、旅は〝教材採集〟の機会でもあります。旅を楽しみながら、教材も手に入る。まさに一石二鳥です。

私が一番目を付けているのが、「絵はがき」「パンフレット」です。「絵はがき」は安くて、軽くて、どこにでも売っていて重宝します。「パンフレット」は、無料で、その観光場所の見所、要点を端的に表していてその土地を知るのに便利です。また、パンフレットに書かれている「キャッチコピー」も面白い。これらは、「衝撃映像」として書くことの指導に生かせます。

かつて、北海道の博物館・網走監獄へ行ったときに手に入れてきたパンフレットには衝撃を受けました。そのパンフレットのキャッチコピーを見るやいなや、何冊も手に取って

いる自分がいました。パンフレットに書いてあったキャッチコピーは、**「今、監獄がおもしろい」**だったのです。何という面白さ。授業や講座で使えるかもしれません。このように、琴線に触れたモノはその場でゲット、確保します。

またあるときは、長崎の原爆資料館に行ったときに、壁に貼ってあった焼け焦げた弁当箱のポスターが強烈に目に飛び込んできました。「これだ！」と思って事務所に聞いてみました。子どもたちに授業で使いたいから、と話すと快くいただくことができました。

最近では、初めて東北に行ったときのこと。

念願の宮沢賢治記念館に行くことができました。写真は入り口の様子と、隣接する『注文の多い料理店』に出てくる「山猫軒」の様子です。

賢治記念館では、賢治の直筆原稿の複製や、「雨ニモマケズ」が書かれていたという、かの有名な賢治手帳のレプリカも売られており、もちろんどちらも購入しました。

体育大会で使う曲をゲットしたときのエピソード

北海道でのことです。私は車をフェリーに積んで北海道に旅行するのが好きです。このときも、マイカーで北海道の北端、稚内を目指していました。以下、北海道旅行記からの抜粋です。

> 途中、道の駅「なよろ」に立ち寄ったときのことである。そこで高級プリン「大地」を購入し、意気揚々と外のベンチで食べようとした。まさにそのとき、耳に聞き慣れた音楽が聞こえてきた。「タキオのソーラン節」である。しかしよく聞いてみると少しアレンジが違う。長いのだ。しかし、歌っているのは紛れもなく伊藤多喜雄氏。これは気になる。
> ちょうど今年の運動会では去年に引き続き「南中ソーラン」をバージョンアップして行うことが決定している。『この曲が手に入れば去年とは違う振りも入れられる!』と感じた私は、しばし考えたものの『やはりここは行かなくては!』と意を決し、その曲の流れてきているほ

うへと歩いていった。

するど、曲は道の駅の建物の外の小屋から流れてきていることが判明。そこは即席の、そばやラーメンを売っている小さな店だった。曲はいよいよ盛り上がってきている。

森川「すみません」

店主「何でしょう」

森川「今かかっている曲の題名とかわからないですかね」

店主「は?」

森川「今かかっている曲のCDとかあればタイトルを教えてほしいんですけど……」

こんなことを聞いてくるお客は一日に…一人もいまい（汗）。

店主「ああ……」（といって奥のCDをかけているデッキへ）

森川（やった！　CDや。有線でなくてよかった。これでCDのタイトルがわかる！）

CDを借りる。そしてそのままカウンターでメモさせてもらう。『ON　DO　伊藤多喜雄&TAKIO　BAND』と判明！　やった。これで何とでもなる。購入しよう。

森川「ありがとうございました。すみませんでした。お忙しいときにこんなことお願いしまして」

と、私が店を出ようとしたそのとき、店主さんのこんな声がかかった。

店主「おそばとか食べていきませんか」

森川「はい、いただきます。そばで」

即答してしまった。そうだ、ここはそば屋だった。食べる気はなかった。しかし、一見控えめに見える店主のおじさんの絶妙の間にやられた。そうだよな、関西風に言うなら、〝情報ゲットして終わりかい！　何か食っていったらどないやねん！〟てな感じだよな。

店主「あたたかいのと冷たいの、どちらにします？」

森川「じゃあ冷たいので」

即答してしまった。商売上手。関西人の私も舌を巻いた。しかし、私にとっては貴重な情報をゲットできたのであるから安いものである。それにお昼らしいお昼も食べていなかったしね。

旅に出かけてもどこで何が手に入るかわからない。また一つ楽しい思い出も増えた。その後、食後のデザートに高級プリン「大地」を食べたことは言うまでもない。

北海道の地で、思わぬ収穫をしました。後日無事ＣＤは手に入りました。
どこで何が手に入るか、何が起こるかわからない。だから旅は楽しいのです。

そして……関西人は貪欲です。時には何が何でもゲットする、という気概を持ってことにあたります！　〝もぎ取っていくような貪欲さ〟も教材研究には必要なのです。

ローカル誌

旅は、旅先でしか手に入らないような雑誌、小冊子が手に入ります。北海道、沖縄は特に顕著で、ローカル誌は、そこでしか手に入らない宝物です。大手ガイドブックにはない、生きた情報が満載です。そのようなところから学習材を持ってくれば、授業が活気づきます。旅のエピソードと絡めて話せば、子どもたちもその土地に行ってみたい、と思い、知的好奇心も喚起されます。

私の旅のもう一つの醍醐味です。

旅先で人と出会う

69

心あたたかな出会い

旅では毎回「心あたたかな出会い」が待っています。

私が北海道を一人旅したときのこと。どうしても夕張メロンを夕張で食べたくて車で訪れたのはいいのですが、もう夕方。メロンの直売所もどんどん閉まっていっています。ある直売所に滑り込むように入り、すぐに食べられる〝カット〟夕張メロンはないか尋ねました。すると、あいにくもうすべて売り切れた、とのこと。

残念だなあ、と思っていると、「ちょっと待ってて」とご自宅のほうへ行かれました。そして、「冷蔵庫にあったから。これ食べなさい」と言って、半分に切った夕張メロンを出してくれたのです。しかもお代はいらないよ、とのこと。

もう美味しいやら嬉しいやらで、感動しました。あのときの味は今でもしっかりと覚えています。さらに、カメラを出そうとゴソゴソしていると、「カメラ撮ってあげるから」

とご主人さんまで出てこられ、記念にパチリ。私のお気に入りの写真になりました。

次に沖縄での出来事です。沖縄の離島巡りの旅をしていました。立ち寄った黒島ではいろいろな人と交流できました（黒島は牛の畜産で有名な島です）。

黒島研究所の方は、「ウミガメ」のことを親切にいろいろ教えてくださいました。私は昆虫採集が趣味なので黒島の昆虫を見たいと話すと、そのことも教えてくださいました。

ビジターセンターでは、島の成り立ちや歴史が紹介されており、入館無料。そこの入り口では、昔の子どもたちのおもちゃを作成、実演している方がおられました。そこでもいろいろなお話を聞くことができました。それらすべてが子どもたちへ話すときの素晴らしいネタになります。もちろん授業のネタにも。

そこで作られていたのが、「指ハブ」というおもちゃです。植物の葉などで編まれた、ヘビ状の筒のようなものです。面白いのは、その穴に指を入れると、引っ張っても抜けなくなります。指を入れて遊びながら、「これは子どもたちも喜ぶだろうなあ（チラッとそのおじさんのほうを見る）」とつぶやくと、「それ持って行っていいよ」と作りたての「指ハブ」をくださったのです。

最後に立ち寄ったのが、集落の外れの「うんどうや」という食堂。お兄さんがシュノーケリングのツアーなどを、弟さんがお店をされていました。そのとき、お客さんは私一人。よって、私は一人で黒島の音楽演奏を堪能したのでした。

ご当地歌手のCDまで購入して帰ってくるなど、とにかく印象に残った旅となりました。

旅は教材の宝庫です。自分のリフレッシュのために行くのですが、そこでの素晴らしい出会いが旅を一層深いものにし、人と人のつながりを感じさせてくれます。そしてそれを子どもたちに語ることができる。大人になったらいろいろないい経験をしなさい、と。

自分自身をも成長させてくれる、それが旅です。

マイナスの出会いもプラスに変える

逆に、旅館やお店の対応で嫌な気分になるときもあります。しかしそのことも、教師修業という観点で見るとプラスに変えることができます。

これも北海道を旅したとき。あるホテルに泊まり、そこの従業員にホテル界隈のことについて尋ねたときのエピソードです。旅行記から引用します。

売店を見に行った。外にもぶらっと出てみた。

帰りに、傘をたたんでいた従業員に、「カッパロード」（旅館の近くにあった）について聞いてみた。なぜここはカッパの里と呼ばれているか。橋のところにカッパロードと書いてあったからだ。

しかし、〝別に〟という感じで、「何体かあちこちに銅像があるだけです。でも、今行っても見えませんよ」とそっけない態度。カッパのいわれに関して聞いても「何もありません。環境協会が勝手に決めているだけです」とまたそっけない態度。

可哀想な人である。どうしてもうちょっとあたたかく話せないのだろうか。人と接する、ということは言葉、身振り、話し方、その人から感じられる空気まですべての要素がからんでいる。「育ち」は〝醸し出すもの〟〝自然と醸し出されるもの〟として現れる。それはなかなかぬぐい去れないものだ。どの従業員の方も愛想がよかっただけに、この男性従業員（四〇歳くらい）のそっけない冷たい空気が余計に目立って感じられる。

それと、旅館というような仕事の場合、様々なものをお客は背負って逗留していることを忘れてはならない。その人の事情があるのだ。私は一〇日間に及ぶ旅の締めくくりとしてここを選んでいるわけである。一期一会、いい気持ちで帰ってもらおうと〝雰囲気〟に至るまで気を遣えるのが本当の〝プロ〟である。

彼はその後階段を登っていったが、きっと今行われた一《いち》客との応対で、自分が相手に与えている影響など微塵も考えていないであろう。そしてこれからも考えないであろう。

いろいろ感じる人、そうでない人、どちらが得なのだろうか。いろいろ気遣う人はその分しんどい。だから損なのだろうか。そんなことを考えながら部屋に帰ってきてこれをまた打ち出した。

弟に話したら、気づかないことは、「妥協した人生」だと言う。

そして、気づかない人は楽かもしれないが、ほかのよいことも感じ取れていない寂しい人生だ、と。確かにその通りだ。

まあ何でも書くのが好きな自分です（笑）。

このとき、私は宿の部屋で「教師」という仕事にダブらせて考えました。

教師はかの従業員のようであってはならない、と。

例えば、教師にとっては何度も担任することになる四年生でも、その子にとっては一生に一回の四年生。

教師は毎年毎年が子どもたちとの一期一会です。

旅で起こる一つ一つの出来事が、自分に語りかけてくれることがあります。
旅は自分を振り返ることができる濃厚な教師修業、人生修業です。

70 〝番組風〟教育トークで教師修業

居酒屋や料理屋での教育トーク。それをもう少し進化（?）させた遊びがあります。「教育トーク」をビデオで撮るのです。教育番組のようなイメージで。場所は教室でもよいのですが、気分が高まるのは静かに食事ができる完全個室です。完全個室でゆっくりと食事ができる場所で決行するのです。

綺麗な座敷は雰囲気が出ます。イメージはスポーツニュース番組の中で、「プロ野球選手がオフに食事をしながらシーズンを振り返るコーナー」のようなイメージです（笑）。

【教育トーク流れ】 ①予約していた個室に入る。②料理を注文し、教育現場で使いたいのだが、話を録画してもよいか聞く（だめならおいしく食事をいただいて店を出ましょう）。③料理が出てきたら直後にビデオカメラを部屋の隅にセット。録画ボタンを押す。④食事しながら教育トーク。⑤テーマをあらかじめ決めておき、MCは手頃なところでテーマを変える。

【実際の様子】

MC「それでは始まりました。今日は教育スペシャル対談ということで、○○小学校より△△先生にお越しいただきました。よろしくお願いします」

△△先生「お願いします」

MC「え～、二学期が終わったということで、ここから少しの間休みに入るわけですが、先生はどのような感じでしたか？　二学期は？」

△△先生「行事がたくさんありましたねえ」

MC「ああ、行事ありますねえ」

△△先生「とりわけ自然学校が大きかったですよ。先生は行かれましたか？」

MC「ええ。プログラムについてですが、手応えのあったものは？」

△△先生「そうですねえ。よかったのは基地づくりと、その日の夜に基地まで探検して基地でおやつを食べる、というプログラム」

MC「それは魅力的だ。詳しくお願いします。この湯葉包み美味しいですねえ」

やりすぎですかね（笑）。しかし、当人たちが心から楽しんでいるのでよしとしましょう。ただの遊びと言えばそうなのですが、ビデオに撮っている、という付加価値により、ただベラベラしゃべっているときとは意識がまったく変わってきます。ちょっとした変化、刺激でも楽しめるものです。このようなことを**「教育トーク　ｉｎ東京」などと管外出張に行ったときに行えば、より盛り上がります。**人数も増えればさらに盛り上がるでしょう。

話の内容は、もちろん出張先で見た授業や参加した研修会の中身についてです。誰に文句を言われることもないのですから、遠慮せずに評論家気取りでどんどん話せばよいのです。これらのことは研修会などの学びをメタ認知することにつながります。

ビデオとまではいかなくてもＩＣレコーダー、デジカメの動画モードなど、今は様々な機器がありますから録音する方法も様々。もちろん話すだけでもＯＫ。話していると、思いもかけずよいアイデアや、教育に対する考え方の整理にもなります。

何事もトコトン楽しむ。教師修業たりとて、同じなのです。

71
するもんか！NG

セミナーや講演会に参加すると見かける残念な人に、「笑うもんか！」「うなづくもんか！」というオーラを出している人がいます。時にはコンサートや舞台でもいます。その度に、この人は何で来ているのだろう、と思います（私としてはそういう人を〝のめり込ませる〟ことが生き甲斐なのですが…笑）。これもまた可哀想な人ですね。来なければいいのに。

もちろん、ここでは本当に納得できない場合や、面白くない場合のことを取り上げているのではありません。

いかにも逆行しているような参加の仕方は明らかに損です。血肉になりにくい。その場では浸って楽しめばいい。知らなかったことは感心して目を丸くすればいい。

そのほうがよっぽど自然で、楽しい生き方です。そして何より、元を取る参加の仕方です。

最後に本当に面白くなかったときの対処法ですが、自分の仕事をしてください。黙々と。そうすれば「メモまで取って聞いてくれている」というふうに映りますから（笑）。

72 感化されやすいこと

どんな仕事でもそうだと思いますが、「感化されやすい人」は伸びます。言い換えれば「素直な人」は伸びるのです。いつも斜に構えてしまう人は伸びません。すぐに、「おお、すごい」「やってみたい」「どうやったらそうなるの？」「授業でしてみたい」と声に出して言う人は確実に伸びます。

感化されてやってみる人は伸びます。すぐにメモを取る人は伸びます。人から紹介された本をすぐに購入する人は伸びます。ほしい、と思った資料をその場で「コピーさせてください」という人は伸びます。私の周りにもそういう人がいます。そういう人は常に生き生きしています。躍動感があります。

私は教師になってから、特に最初の六年間はとにかく教育書を読みまくりました。楽しくて楽しくてたまらなかったことを覚えています（今でもそうですが）。そして、「これは面白そうだ」という実践は片っ端から「追試」していきました。

何でも最初は人のものまねから始まるのです。ゼロからつくり出すなんてことは誰にもできません。この本も、数々の人生の先輩の考え方、実践の上にできあがっているものです。「人のまねをせず」とか、「マニュアルに頼らずに」ということを言う人がいますが、取り違えると誤解を招きます。「まねをしない」ということは聞こえはいいですが、「やみくもにする」ことにつながりかねません。

最初は何事も模倣から入るのです。その中に、自分だけの持ち味を混ぜて自分の実践をつくっていく。オリジナルはそこから生まれていくと思います。

研修会でも、セミナーでも、本からでも、大いに感化されましょう。そして、その中でだんだんと取捨選択していく目が養われていくのです。

このように感化されるのは、教育の現場に限ったことではありません。身の周りの「よいもの」に、機会があればどんどん触れていくことだと思います。最終的には自分の立場と最も遠いところに感化されたりもします。一見、自分の仕事や立場とはまったく接点がないような分野に、実は大きな〝参考〟が潜んでいます。

それを感じることが今とても面白い自分がいます。

73

学びは「権利」

大人の勉強は、しなければならない「義務」ではなく、したくてたまらない「権利」です。

それに、子どもたちに毎日学びを説いている私たち教師は、貪欲に学び続けている存在のはず。

学び続けている人からは、知性のオーラがします。そういう先生に、子どもたちは惹かれるのです。

「学び」の楽しさは、自分が実体験してみないと絶対にわかりません。学ばなければ、といくら人に言われても、そのままではわかりません。頭だけではわからないのです。

私は、新任のときから各種セミナーや研究発表に行くことに熱中していました。楽しくてたまりませんでした。

教育雑誌も複数とっていました。

教育書も貪り読んでいました。

楽しくて楽しくてたまらなかったからです。

自分の知らない教育技術を知る。それを教室で試してみる。うまくいって喜び、うまくいかずに考える。その繰り返しです。

セミナーや研究授業を見に行っては、聞いている最中から早く自分の教室に帰って実践したい、と思ってソワソワ。見てきたことをサークルの仲間や親に話すのも楽しいものでした。

関西人的に言うと、何事も「元を取る」ことができます。

参加費を払って、「元を取ったなあ」と思えるかは、実は研修内容ではなく、自分の気持ちが決めていることが多いのです。

どんな研修会でも、セミナーでも、本でも、雑誌でも、自分の考え方次第で「元を取る」ことはできます。学びに変えていくことができるのです。

学びは権利。学びながら楽しんで暮らしていきましょう。

74

教師である前に人であれ 個人である前に教師であれ

講師依頼のメールをいただくことがあります。

その際、依頼人の所属が書いていない場合があります。どこの誰だかわからない人の依頼を受けることはできません。

講師依頼をするときに、以前に講師の先生と会っている場合には、より注意が必要です。「一度会っているから先方は知っている」というのは大きな間違いだからです。

講師をしている人というのは、大勢の人から依頼を受けたり、名刺をいただいたりしています。自分は会っているから相手も当然理解している、という考えは捨てて依頼すべきです。そして、依頼するときは「一一月の○○研修会のときに……」と「会った経緯」を簡単にでも書いておきます。

イメージできるようなメールでなければならないのです。

以前に、次のようなメールをいただいたことがあります。

「お久しぶりです。お願いがありましてメッセージしました。何時ぐらいなら話できますか？」

ある日突然。いきなりです（笑）。携帯のショートメールです。送り主のところには携帯の番号が表示されているだけ。名前なし。所属なし。馴れ初めなし（笑）。毎日話している友達ではないのです。もはや迷惑メールの域です。もちろん返事できるはずもありません。この人物からは、その日の三時間半後にもう一通メールが来ました。

「○○県の△△です」

これだけ（笑）。失礼を通り越して不気味ですらあります。

△の部分には名前が入るのですが、しばらく連絡を取っていない同じ名前の知人や教え子が複数おり、特定することもできません。

未だに誰かわからずじまいです。

結局返事はできず。しかし、その後にこの人からのメールはありませんでした（これもまた失礼ですね）。これは、講師依頼以前の問題です。

また、依頼をいただいたものの日程が合わず、お断りの返事をさせていただいた後、それきり返信がないというとんでもない人もいます。こういう人と一緒に仕事をすると必ず当日に嫌な思いをします。

「教師の常識、世間の非常識」などという残念な言葉があるようです。そうならないために、視野を広くして教室外のことにも対応していきましょう。

こういうことは教室内にもつながっています。

子どもに対するときは、教師という以前に人として。

子どもを叱るときは、自分の個人の感情の前に教師として。

冷静に、客観的に。

自分に起こったことは、いくらでも教室内の子どもたちに還元できます。

自分を振り返るよい機会としたいものです。

教師は人間力

75

教師という職業柄、先生はみんないい人ばかりかといえばそうではありません。

へんな嫉妬やねたみ、いじめも当然あります。

目立つのは、大人げない人。器のちっちゃい人。この人たちは人をほめることができない人です。

ほめたり、感心したりといった行為は、自分に満足していなければできない行為です。

自分の人生に満足していない人や、人に嫉妬ばかりしてる人は、素直にほめたり、驚いたりすることができません。

こうしてみると、やはり教師は人間力が大切です。

こんなことがありました。

私が以前、大きな会場で飛び込み授業をしたときの事後研究協議会で、

「子どもがあくびをしていたから集中できていなかった」

と発言をした先生がいました。

まったく意味のない発言だと思います。これなど「何か難癖付けてやろう」ありきで発言しているとしか思えません。

こういう〝ヤカラ教師〟にならないことです。

この場合、恥をかいているのはこの人自身。何とも哀れな人ですが、可哀想なのは、この人に受け持たれているクラスの子たちです。

こんな人があたたかい学級をつくれるはずがないのです。

教師の人柄は、もろに学級経営に出ます。

影響を受けるのは発展途上の子どもたち。怖いことです。

教師は授業力。そして、根底にあるのは人間力ですね。

子どもたちに感謝する

76

教師は、「先生！」と呼んでもらえることで〝先生〟になれます。

そのことを忘れてはならないと常に自戒します。

子どもたちにとって、その先生の経験年数は関係ありません。

「先生」なのです。

一生懸命に「先生！」と呼んでくれます。

だから、私たちは先生でいられるのです。

日頃いろいろなことが起こる教室にいて、このことを冷静に考える余裕はないかもしれません。

それでも、子どもたちが帰った後、放課後の教室でふと我に返る時間があればよいのです。

そのときに「先生でいられる」幸せを感じます。

学生のとき、「絶対に先生になりたい！」と思っていた自分に、何年経っても出会っていたいのです。

「当たり前」になることほど怖いことはありません。

子どもたちとの日常は当たり前ではない。

一日として同じ日はないのです。

朝一番、子どもたちに出会う前に感謝する。

そうすれば学生のときの自分に常に出会うことができ、この仕事に謙虚になれるのではないでしょうか。

77 教師になってからがスタート

教師になったことがゴールではありません。「教師になった」＝「スタートラインに立てた」ということです。

夢に見た教師になったとき、私は身震いしました。鳥肌が立ちました。

無限に自分の思いを授業できる、と。

これを読んでいる学生の方、採用試験に合格していよいよ先生になるという方、「あれもできる」「これもできる」とワクワクしていますか。

ワクワクしてください。

合格した。やった！ それは瞬間。そのときの喜び。もっと長期的な喜びを享受しましょう。教師は毎日でも子どもたちから「喜び」をもらえるのです。

今からスタート。

ここからが身震いするような教師という知的な職業の始まりです。

エピローグ

本シリーズの第一作目『できる先生が実はやっている　学級づくり77の習慣』が生まれたのが二〇一五年。

それから毎年一冊のペースで「習慣」シリーズを書き続けてくることができました。

「習慣」になっていたこと。「習慣」にしたいこと。悪しき「習慣」……。

どうやら「習慣」というものは、私たちの生活そのものに大きく関わっているばかりではなく、日々形づくられ、進化も退化もしているものであるということがおぼろげながらにわかってきました。

言い換えれば、「習慣」ということを意識することで、人生を好転させることができるということを実感しています。笑顔が習慣になっているのならそれは教師として、人としての大切なベースができていることになる。子どもを叱ることが習慣になっているなら、子どもたちはいつまでたっても担任の先生を尊敬するようにはならない。

「習慣」が子どもとの関係をつくっているのです。

「習慣」があなたの教師人生をつくっているのです。

よくも悪くも、「習慣」は自分の人生に大きく作用しているのです。

「幸せに働く」ために「働き方を変える」。

そのための「習慣」を意識して。そのために「習慣」を変えて……。

「習慣」探しの旅はまだまだ終わるところを知らないようです。「習慣」を通した教師道を共に歩きましょう。これからも。

あ、そうそう。あなたの「習慣」もぜひ教えてくださいね。また、ご一緒に……。

最後になりましたが、明治図書の林　知里氏には本書をまとめるにあたり、大変お世話になりました。感謝申し上げます。

年末に一気に原稿を仕上げる〝習慣〟はいかがなものかな……（笑）

森川　正樹

【著者紹介】
森川　正樹（もりかわ　まさき）
兵庫県生まれ。兵庫教育大学大学院言語系教育分野（国語）修了，学校教育学修士，関西学院初等部教諭。平成32年版学校図書国語教科書編集委員。全国大学国語教育学会会員，教師塾「あまから」代表。国語科の「書くことの指導」「言葉の指導」に力を注ぎ，「書きたくてたまらない子」を育てる実践が，朝日新聞「花まる先生」ほか，読売新聞，日本経済新聞，日本教育新聞などで取り上げられる。県内外で「国語科」「学級経営」などの教員研修，校内研修の講師をつとめる。社会教育活動では，「ネイチャーゲーム講座」「昆虫採集講座」などの講師もつとめる。
著書に『できる先生が実はやっている　学級づくり77の習慣』『できる先生が実はやっている　授業づくり77の習慣』『できる先生が実はやっている　教師力を鍛える77の習慣』『クラス全員が喜んで書く日記指導』（以上，明治図書），『先生のための！こんなときどうする!?辞典 アイテム・アイデア86』（フォーラム・A），『子どもの思考がぐんぐん深まる教師のすごい！書く指導』『このユーモアでクラスが変わる教師のすごい！指導術』（以上，東洋館出版社），『教師人生を変える！話し方の技術』（学陽書房）他，教育雑誌連載，掲載多数。教師のためのスケジュールブック『TEACHER'S LOG NOTE』（フォーラム・A）のプロデュースをつとめる。
【社会教育活動】「日本シェアリングネイチャー協会」ネイチャーゲームリーダー／「日本キャンプ協会」キャンプディレクター／「日本自然保護協会」自然観察指導員／「CEE」プロジェクトワイルドエデュケーター
【ブログ】 森川正樹の“教師の笑顔向上”ブログ（http://ameblo.jp/kyousiegao/）

できる先生が実はやっている
働き方を変える77の習慣

2018年4月初版第1刷刊 ©著　者 森　川　正　樹
発行者 藤　原　光　政
発行所 明治図書出版株式会社
http://www.meijitosho.co.jp
（企画）林　知里（校正）井草正孝
〒114-0023　東京都北区滝野川7-46-1
振替00160-5-151318　電話03(5907)6703
ご注文窓口　電話03(5907)6668

＊検印省略　組版所 株式会社カシヨ

Printed in Japan　ISBN978-4-18-168616-1